Karl F.G. von Steinsberg

Offenbahrungen über Deutschland

Karl F.G. von Steinsberg

Offenbahrungen über Deutschland

ISBN/EAN: 9783744720700

Hergestellt in Europa, USA, Kanada, Australien, Japan

Cover: Foto ©ninafisch / pixelio.de

Weitere Bücher finden Sie auf **www.hansebooks.com**

Offenbahrungen über Deutschland.

Amsterdam.

Prolog des Autors.

Schreibe, was du gesehen hast, und was da ist.
(Offenb. Joh. I, 19.)

Bewahre Gott! — Wie würden mir da nicht alle Fakultäten, Kollegia, Ministeria, Konsistoria, Aemter, Advokaturen, Eheweiber, — Jungfern, Cizisbeos, Ehemänner, Juden, allerley Christen, Priester und Maitressen in die Haare fallen! — Und doch hab ich mirs, der Aufforderung St. Johannis zufolge, in den Kopf gesetzt, die merkwürdigsten Personen unsers Jahrhunderts, die ich mittel = oder unmittelbar kennen lernte, äußerlich zwar nur nach ihrem Profil zu zeichnen, innerlich aber vollkommen auszumalen, und dem

Publikum hiernächst einen Schatz von wirklichen Fakten und Maximen unsers Zeitpunkts zu liefern: wodurch dann die Liebhaber der Menschengesichter, der Malerey und der Herzenskenntniß für den billigsten Preis im Stande seyn werden, sich eine weitschichtige Bildergalerie von ihren Freunden oder Bekannten anzuschaffen, darinn sich besonders die Seelenporträte durch Wahrheit und Lebhaftigkeit des Kolorits auszeichnen sollen.

"Ach, um des Himmelswillen! hör
"ich allerseits, dort ächzen, hier laut jam-
"mern, nun ist kein Mensch mehr auf offe-
"ner Strasse sicher. Eh' man sich's ver-
"sieht, ist man dem tausendäugigen Pu-
"blikum zum Hohn und Spott mit aller
"Gebrechen und Schaden preisgesetzt
"Pfuy! das sind offenbare Pasquille, da
"müssen sich Fiskäle, Konsistorien, Ma-
"gistratualpersonen, Prediger und Censo-
"ren ins Mittel legen.„

Gemach, lieben Freunde! Halte sich doch nicht jeder unter euch für eine merkwürdige Person, — und schreye doch das
merk-

merkwürdige, zur öffentlichen Darstellung durch außerordentliche Tugenden, Laster oder Thorheiten qualificirte Original nicht schon zum voraus — denn es ist billig, eine Sache zu sehen erst, und dann — darüber zu urtheilen.

Genug indessen für alle, die ich malen werde, — daß sie, auf mein Wort! — nicht ohne Mantel erscheinen sollen: und der Mantel ist ein so ehrwürdiges Kleidungsstück, daß sich noch alle Inquisitores, problematische Jungfrauen, Rathsherren und Pascher desselben mit großem Vortheile bedient haben: — ein so respektables Kleidungsstück, daß noch nie ein Dieb — so lang er damit bedeckt war, gehangen wurde.

Verschleyert also oder bemäntelt sollen meine Porträte ausgegeben werden, weil zu befürchten steht, daß, des zu lebhaften Kolorits wegen — manchem Leser bey Erblickung mancher Gemälde, die Augen übergehen könnten.

So

So lange auf der Welt Midasohren, lange Nasen und Hörner wachsen, warum sollte es verboten seyn, sie zu malen, und unter oder über die Gemälde — den Schattenriß der Inhaber zu setzen? —

Darinn sollen alle meine Offenbahrungen bestehen.

Jeder Leser und Zuseher kann für sich aus den Silhouetten auf dieses oder jenes ihm bekanntes, diesem oder jenem Schattenrisse ähnliches Original rathen; — nur nehm er sich in Acht — seine dießfälligen Gedanken und Vermuthungen laut werden zu lassen, sonst könnten ihm diese seine groben Offenbahrungen theuer zu stehen kommen, und ich — würde auf jeglichen Fall meine Hände waschen.

Man kann, um noch deutlicher die Billigkeit meiner Unternehmung zu entwickeln, alle Menschen zeichnen, nur ihre Schamtheile müssen bedeckt bleiben. Es ist die Schuldigkeit des Malers die vortheilhaften Parthien ins Licht zu stellen, und auf das übrige den Schatten zu werfen.

Er

Er ist keineswegs zu verdenken, wenn er, — der Aehnlichkeit unbeschadet, schmeuchelt; aber, zu sehr schmeucheln, ist höhnen. Der Arzt darf, mit Gefahr seines Lebens, kuriren, weil durch diese allen Rechten der Natur zuwiderlaufende Waghalsigkeit das Wohl der Gesellschaft befördert wird, und der Feldherr darf 100 Menschen aufopfern, um tausende zu erhalten. Warum sollten zur Ausbildung der Herzen und Aufnahme guter Sitten einige Dutzend Thoren und Bösewichter nicht gestriegelt, und die wenigen ausgezeichneten Edlen zur Nachahmung andern dargestellt werden dürfen? Nyr müssen jene, wie gesagt, unter einem dichteren Mantel gestriegelt, und diese nicht übertrieben gelobt werden.

Wahrscheinlich wird, so viel ich in der literarischen Welt um mich gesehen habe, — bey der künftigen solennen Menschenversammlung im Thale Josaphat mancher heilig gepriesene Sünder denen Journalisten einen Injurienprozeß machen, welche ihn in verschiedenen Zeitungen oder Leichenreden so übertrieben lobten, daß selbst sein erblaßter Leichnam darüber noch erröthen möch=

8

möchte*). Ich aber gebe feyerlich hiemit mein Wort, daß in dem gegenwärtigen Werke sich niemand über die Injurie einer übertrie=

) H. C. hatte einen ähnlichen Gedanken, als er ein Taschenbuch für Reisende 1783 ankündigte, dem gleichfalls die gezeichneten Originale in Silhouetten beygelegt werden sollten. Dieser glückliche Gedanke aber ist unausgeführt geblieben. Selbst die Ankündigung kam nur in wenig Hände, weil ein großer Minister dort — wo sie ausgegeben werden sollte, — durchaus nicht zugeben wollte, daß Tartüffe öffentlich gemalt werden. — Da ich nun diese Hindernisse hier Landes nicht finden kann, oder es müßte nur das kaiserliche, die Censur betreffende Reskript, welches unmöglich ist, — nicht weiter respektirt werden, so hab ich diesen C**schen Einfall zu nützen und zu erweitern kein Bedenken getragen. Ich will unter andern Karakterstücken, — auch Tartüffe, Pompaduren, Richelieus u. s. w. — und zwar wie oben gesagt, aus den itzigen Zeitläuften nach dem Leben malen: nur bitt ich, mich nie zu fragen: — — wo sind jene her? wie heißen diese da? —

triebenen Schmeucheley zu beklagen haben solle.

Meine Launen und Einfälle, die der Hr. Verleger in Kupfer stechen läßt, sollen das glückliche Talent Hrn. Berkas dem Publikum ankündigen.

Ja, alles recht! — wir möchten aber, ruft hier das Publikum, nicht gern die Köpfe herhalten, damit sich bloß die Perückeurs daran üben könnten. Den Nutzen davon wollten wir einsehen!

Meine Antwort.
Die Erfahrung lehret, daß die Pädagogen den Kindern durch Kupferstiche und Bilder allerley schöne Sächelchen ohne viele Mühe auf die bequemste Art von der Welt beybringen. — Und wie vielerley giebt es nicht Kinder im Publikum, die, ihrer doppelten Majorenität an Jahren ungeachtet, — minderjährig am Verstande sind? —

Ich hoffe also, daß man den Nutzen dieser Unternehmung nicht verkennen,
und

und daß ich mich um die Menschen auch in Rücksicht auf Pädagogic verdient ma=chen werde. Nur müssen meine Zöglinge stäts des 19ten Verses im 3ten Kap. der Offenbahrung St. Joh. eingedenk seyn, wo es heißt: Welche ich lieb habe, die strafe und züchtige ich! sonst könnte mein guter Wille viel zu lärmende Folgen haben.

der Verfasser.

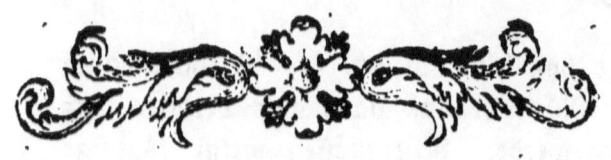

Der Adel.

Es geht fast in allen Stücken mit dem Adel — wie mit den Kleidern. Sind sie neu — und verdient, sind sie mit ächtem Golde, oder Silber besetzt, so springt ihre Schönheit und Realität von selbst in die Augen; — veralten sie aber, — so werden endlich doch nichts als Lumpen daraus. Und das ist natürlich. — Die großen Verdienste eines Bürgers um den Staat, welche in den meisten Republiken mit klingender Münze bezahlet werden, erheben in den Monarchien kraft eines Pergaments den verdienstvollen Mann aus dem Bürgerstaube zum gestrengen Ritter oder gnädigen Herrn hinauf. Mittelst dieser pergamentenen Flügeln dädalisirt, befindet sich sein Sohn bereits in einer edleren Lebenssphäre. Konsistorialräthe, Rathsherren und überhaupt die kleineren

Polizeyhäscher im Staate haben auf seine muthwillige Person keine Ansprüche zu machen. Die, den Bürgern etwas erschwerte zu kostbare Belangung eines Kavaliers, gesteht dem letztern mehr Freyheit zu, im kleinen die bürgerlichen Kanaillen ungestraft zu betrügen. Er, nachdem er bereits ererbte Verdienste und Vorzüge gefunden, — hat nicht nöthig sich welche selbst zu erwerben, und so, wie Geizhälse, wenn sie volle Kisten hinterlassen, gewöhnlich Verschwender ihres schweißvollen Bemühens finden, — pflegt auch der Sohn eines ehrenvollen Vaters, mit der Ehre bankerot zu machen: weil er eben so wenig ihren Werth und ihre Nothwendigkeit als der Erbe eines industriösen vormals armen endlich reich gewordenen Vaters den Werth der Reichthümer kennt, mit welcher Kenntniß allein auch die Kenntniß ihrer guten Anwendung verknüpft ist. Indessen, wofern Natur oder Schicksal den Kavalier einmal in den Kreis der politischen Beförderung gesetzt haben; wofern nämlich das Schicksal seinen Verwandten lange Hände verlieh, oder die Natur den Kavalier selbst mit körperlichen Gaben

ber=

über Deutschland. 13

dergestalt auszeichnete, daß rekommendir=
fähige Damen seinen nachdrücklichen Ver=
diensten. Gerechtigkeit wiederfahren lassen
mußten, findet er in oder außer seinem
Vaterlande Ritter = oder Herrenbänke in
hinlänglicher Anzahl, worauf er sich nur
niederzusetzen, und mit seinem Kopfe ge=
hörig zu nicken nöthig hat, um auf Regi=
mentsunkosten weiblich fortgemäßtet zu wer=
den.

Gelegentlich werden zween Köpfe
geliefert werden, der eine, den lange Hän=
de (oder das Schicksal) und der andere,
welchen die Natur d. i. seine körperlichen
Verdienste befördert haben. Wer sich nur
mittelmäßig auf die Phisiognomie versteht,
wird beym ersten Anblicke den Werth des
Geistes taxiren können, welcher diese bey=
den Köpfe beseelt. Hieraus folgt nicht,
daß der ganze Adel ganz und gar ohne alle
Verdienste vegetire: man findet wackere
Männer darunter, die von der allgemeinen
Regel eine Ausnahme machen. Indessen
werden doch an allen ohne Unterschied in
unserem fanatischen Jahrhundert die respek=
tablen Verdienste ihrer vormals neugeba=
   ckenen

ckenen Uranherrn wie die Flicken, so einst heilige Männer kleideten und nun Reliquien genannt werden, immer zuerst verehret. Die Reflexion, daß diese verehrten Reliquien doch nichts Wesentliches von den Verdiensten längst verstorbener Männer an sich haben können, würde einem tausend turniermäßige Wichte auf den Hals ziehen, die sich ein Verdienst daraus machen, daß der Weg alles Fleisches, auf dem sie in die Welt kamen, — adelich gewesen, wenn er ihnen gleich, woran sie nicht denken, — vielleicht von Kammerdienern, Haiducken oder Lakayen gebahnt wurde.

Allein dieser Ahnenstolz wird nach und nach erbärmlich zugestutzt werden. Es ist für ihn eine vergiftende Scene, — und Basiliskenanblick — wenn ihm heut zu Tage Sprößlinge von 16 Ahnen, welche sonst nie öffentlich gestraft wurden, mit gleicher Tonsur eines bürgerlichen Schurkens begegnen — oder bürgerliche Kanaillen in vergoldeten Wägen, die ihre großen Verdienste zu Excellenzenwürden empor gehoben, — ohne, welch ein Affront! zuerst geadelt zu werden. So giengs zu

Ver=

über Deutschland.

Berlin mit Ihrer Excellenz dem würdigen Minister Hrn. Michaelis: dessen Namen ich statt seiner Silhouette hieher setze: und so wird es unfehlbar auch hier Landes nur zu oft geschehen, wofern der Adeliche nichts anders wird vorweisen können, als 16 Ahnen, die sonst zur Beförderung im Staate hinlänglich gewesen sind.

Indessen ernstlich die Vorzüge des Adels betrachtet, und mit den bürgerlichen Vortheilen, worauf sie ewige Verzicht thun mußten, verglichen, — so war es sehr weise vom König, daß er den Excellenzherrn Michaelis nicht geadelt habe. Denn außer den eingeschränkten Vortheilen in verschiedenen Stiftungen, und bey verschiedenen höheren Landesstellen zu unterkommen, hat der Jüngling des Herrn- oder Ritterstandes, wenn er arm ist, kein anders Mittel sich des Hungers zu erwehren, als den Degen, wenn Konsistenz in seinen Knochen ist, oder wenn er sich den bon ton eigen gemacht — Schmarozerey: von der bürgerlichen Nahrung, der Handlung, der Kunst und des Handwerks ausgeschlossen — und wenn er sich auch über

die-

dieses Vorurtheil hinwegsetzen wollte, — durch die erste Erziehung davon abgeleitet; — von dem Schicksal außer dem Kreis der politischen Thätigkeit gesetzt, muß er dem Staat und sich selbst zur Last fallen.

Und sey es auch, daß er vollkommen adelich erzogen sey, das ist: die französische Sprache, reiten, fechten, tanzen und spielen gelernt, dazu noch mit allen Ehren den Cursus studiorum durchgelaufen, so ist er deshalb doch nicht im Stande, außer den Bänken des Kopfnickens sein Brod zu verdienen. Selbst wenn er angestellt wird, — muß er vergessen, was er auf Schulen gelernt, und erst das im Amte lernen, wozu er auf Schulen auch nicht einmal oder kaum vorbereitet wurde.

In Preußen hält dem Adel der Kriegsgott seine weiten Arme offen. Dort avancirt nicht leicht ein bürgerliches Kind zum Offizier; dort ist zum Militäravancement der Adel gleichsam ein nothwendiges Requisit. Dieses ist eine kluge und billige Maxime. Einmal ist der Adel von jeher Soldat oder Jäger gewesen. Seine
Brust

über Deutschland.

Brust war stäts die Vormauer der bürgerlichen Sicherheit, er blutete für den Staat im Kriege, und bey Friedenszeiten trieb er mit seiner Bestimmung ein ganz analoges Geschäfte, — er jagte. Dadurch hat er sich dieses Recht, in Kriegsdiensten vorgezogen zu werden, erworben, und der Staat hat ihn, da er ihn adelte — dem Mars gleichsam geweiht. Von der andern Seite betrachtet, ist ihm der Staat für reele Dienste, reele Verbindlichkeit schuldig. Er hat ihn aus dem Pöbel empor gehoben, ihm die bürgerliche Quelle der Nahrung verstopft, die bürgerlichen Brodwerkzeuge aus seinen Händen gewunden, sein Wapen mit Helmen gezieret — und ihn turniermäßig gemacht. — Allein diese seine Helmen sind noch kein Ersatz für den Brodverlust seiner Feile oder seines Pflugs, oder sollen die unglücklichen Nachkömmlinge adelicher Eltern deshalb in der drückendsten Noth schmachten, — weil ihre Vorfahren ihr Blut für ihr Vaterland verspritzten?

Der Adeliche, welcher diese Bahn zu seinem gewissen Glücke offen sieht, be=
rei=

reitet sich dazu vor, und seine ererbte Ambition selbst kömmt ihm hier zu statten. Der Bürger sucht sich hier nicht vergebens einzudrängen, und giebt, lodert Genie und Ehrgeiz in seiner Brust, seiner Thätigkeit eine andere Richtung. Er wird ein angesehener Gelehrter, — großer Kaufmann — geschickter Künstler, — ehrenvoller Volkslehrer, Schöpfer guter Gesinnungen, und heilsamer Grundsätze unter seinen Mitbürgern, wird großer Naturforscher, Arzt u. s. w. — Welch ein Vorzug!!! — Wie leicht ists nach dem Winke des Kommando sich bewegen! — (der Staat risikirt daher bey der Einräumung der dießfälligen Vorzüge, welche dem Adel verliehen werden, nichts —) wie viel leichter noch in Rathsstuben und Kollegien mit dem Kopfe zu nicken; oder nach den Triebfedern der Hofinstruktionen seine Rechte zu einem Referate in Bewegung zu setzen? — wie wenig, — (wohl dem Staate, der sich sonst öfters in großer Verlegenheit befinden würde) wie wenig Gehirn wird nicht dazu erfordert? Aber zu einem geschickten Künstler, der uns neue Arten, einheimische Produkten zu verarbeiten, lehrt; zu einem

nem Landwirthe, der, mit der Natur vertraut, neue Entdeckungen macht, die Landesprodukten vermehrt, Ruhe, Frieden, und Eintracht unter dem Bauernstande erhält, sein Lehrer zugleich und Vater wird; zu einem Kaufmann, der Land und Meer in einem Spiegel vor sich sieht, sich ausbreitet, mit Vortheil inländische Erzeugnisse absetzt; zu einem Priester, — der alle Schulfuchsereyen abwirft, und der Beförderer guter Sitten, der Liebe, und der Weisheit wird? Da ist für den Bürger von Talenten eine ehrenvolle Bahn offen, sich zum wirklichen Adel und zu dem Orden großer Seelen empor zu schwingen. Es ist unverantwortlich, wenn der Staat solche bürgerlichen Genies von diesem Wege in die verschiedenen Rathsstuben und Kanzleyen leitet — wo gerade die wenigsten Talente erfordert werden, wozu wirklich adeliche Kinder, schwächlich erzeugt, und schlecht weg nach dem alten Schlendrian erzogen, gut genug sind; so wie jene von starken Knochen gut genug für den Mars. Es müßte mit dem Teufel zugehen, daß es nicht unter so vielen adelichen Kriegern geschickter Köpfe genug geben sollte, um das Ruder des Kriegsgottes; — und unter den adelichen Räthen nicht die geringe Anzahl, — um das politische Ruder würdig zu besetzen.

Welche Verwegenheit, solche Dinge zu schreiben! — hör ich summen. Beruhiget euch meine Herren, und wißt, daß die Prätension verschiedener Regenten, welche ihre Censores dazu bestimmt haben, alle Löcher, wodurch das Taglicht ins Land bringen könnte, zu verstopfen, jede Sylbe zu streichen, die dem Regenten nicht schmeuchelte, nicht der kirchlichen Meynung ihrer Länder frohnte, nicht den intolirten Vorurtheilen Weihrauch streuete, daß diese Forderung der Regenten äußerst lächerlich, und ein sicherer Beweis von einer wurmstichigen schwächlichen Landeskonstitution sey, die kein rauhes Lüftchen vertragen kann.

Unser gekrönte Denker ist weit davon entfernt, solche Prätensionen zu machen: weit davon entfernt, der Wahrheit aufs Maul schlagen, und seinen Unterthanen, die natürliche Freyheit nehmen zu lassen

laſſen — ſelbſt dem Vater ſeine Herzens-
meynung über gewiſſe Hausangelegenhei-
ten zu ſagen, und endlich weit davon entfernt — ſie zu ſtrafen — wenn ſie ſich in verſchiedenen Dingen geirrt, es aber übrigens herzlich gut gemeynt haben. Doch ich
muß wieder zu meiner Materie vom Adel
einlenken.

Nichts in der Welt giebt dem Men-
ſchenbeobachter mehr zu lachen, — als
der hohe Adel. Ihre eingebildete Größe,
die von denen durch Mama, Papa, Amme
und Hofmeiſter ihnen eingetrichterten Vorurtheilen abquillt, präſentirt ſich auf eine
mannigfaltige und komiſche Art. Von dem
Wortſchall: Graf, Majoratsherr, Kom-
teſſe, Fräulein, junger Herr, womit ihr
hochgebohrnes Trommelfell ſchon in der
zarteſten Kindheit erſchüttert wurde, davon ſie alſo eben ſo wenig richtige Begriffe, als von der heil. Dreyfaltigkeit erlangen konnten, ſind ſie auf eine gewiſſe
Weiſe betäubt worden; und haben ſich
noch dazu von der Aufgeblaſenheit der Eltern, den demüthigen Verbeugungen der
Speichellecker ſo donquixottiſche Ideen ab-
ge-

gezogen, daß es ihnen, wie den Eltern natürlich wird, alle Menschen geringeren Standes mit einer noblen Steife des Rückens, auch wenn sich der Klienten Rücken bis zur Erde krümmt, und mit einer gewissen kränkenden Einsilbigkeit zu behandeln, die alle, welche was bey ihnen zu suchen haben, niederdonnert, aber zugleich auch zu ihrem Trost den von lauter Hochmuth betäubten kleinen Geist beym ersten Anblicke verräth.

Unter den Modeflügeln der Galanterie erzogen, vernachläßigten sie alle nützlichen Kenntnisse, beschränkten ihre Austerseelen mit inländisch adelichen Vorurtheilen, — die zugleich die natürliche Herzensfülle erstickten, welche in allen Verhältnissen die Quelle der menschlichen Glückseligkeit ist.

Alles, was die Gouverneurs ihren Zöglingen einblasen durften, mußte mit der Landescensur im genauesten Ebenmaaße stehen; ihre philosophischen und politischen Einsichten wurden in den engen Kreis der lokalen Universitätsweisheit und Lehrsätze eingegezwägt; ihre ganze Religion aus Kantsiens Katechismus geschöpft. Ihre Wissenschaften waren daher nicht für Seele oder Herz — sondern bloß für Ohren eingerichtet.

Ihre Gouverneurs wechselten in der Pädagogie mit einheimischen Bacquot Guedons ab, welche den adelichen Zöglingen alle die verschiedenen und zur Sache gehörigen Schwebungen und Lagen des Körpers; sodann die Attitüden von der Ehrfurcht an bis zur Vertraulichkeit, und von der Unterwerfung bis zum Protektionsair beybrachten.

So kamen sie aus dem Frauenzimmer zum Hofmeister, von da in Pferdeställe — auf Reitschulen und Fechterboden, und so wurden, wie man sieht, diese künftige Staatssäulen in allen Dingen wie Pudel abgerichtet. Endlich erwachsen, und auf freye Beine gestellt, ritten sie Strasse auf, Strasse ab, als ob sie besessen wären, zogen postilionisch aus, — bespritzten verdienstvollere Fußgeher mit Koth, fuhren oft armer Leute Kinder todt,

todt, ließen sich für baar Geld freymau=
rerisiren, blieben allen Handwerkern schul=
dig, zogen ihren Unterthanen das Fell
ab, fütterten beynebst halb Dutzend Mai=
tressen, — weil sie Religion hatten, ei=
nen Hofkaplan, und entschlummerten end=
lich, nachdem Dekokte, Sublimate und
China sich kraftlos an ihnen bewiesen hat=
ten, zum Leidwesen ihrer Pferde und
Hunde — auf ewig!

Gute Lebensart wird von guten Ge=
sinnungen, Gesinnungen von Grundsätzen
bewirkt, und Grundsätze werden nicht im
Stalle eingeflößt. Was soll ihren natür=
lichen Neigungen eine bessere Richtung ge=
geben, was ihre Leidenschaften gereinigt
haben? Etwa die Moral, so ihnen in der
Logik lateinisch vorgekäuet wurde? oder
die, welche sie in Kanisens Katechismus
fanden? —

Wurden sie heurathsmässig, dann
führte ihnen die politische Konvenienz eine
eben so wie sie verzogne, eitle, dumme,
hochmüthige, und allenfalls nur in der
geheimen Kunst der Galanterie initiirte
Frau

Frau zu, welche ihnen außer den 16 Ahnen nichts, auch nicht einmal den mindesten gesunden Begriff von Ehe und Mutterpflichten mitbrachte. Die denn natürlich entweder von Mama oder andern Damen praktisch gelehrt und aufgemuntert, unter dem Schutz des ehelichen Betthimmels, so viel Kontrabande in die Familie einzupaschen wußte, als nur immer möglich war. Was diesen letzten Punkt betrifft, gehts dem hohen Adel, diesen Auserwählten des Staats, wie den Auserwählten Israels, welche unter der Hand nur im strengsten Inkognito dem Talmud durch den Sinn fahren: dergestalt, daß, ungeachtet aller Strafpredigten, mancher Rabbi einem Prälaten, und mancher Prälat einem Rabbi in Portugall auf die Beine geholfen. Es kömmt auch überhaupt hier nicht darauf an, wie, und woher wir kommen, sondern was wir hier werden? und keinem Erdensohne in der Welt würde es einfallen, auch nur scherzweise, gegen die Aechtheit des Adels dieser oder jener Kontrebande mit solchen Gründen zu excipiren,— wenn der Kavalier nur nach dem inneren Gehalt — ein Edelmann wäre.

Außer

Außer den schalen Vergnügungen, welchen sie nachjagen, behalten sie noch immer der Stunden zuviel, um nicht von der bösartigen Schlange, welche Stupidität und Ignoranz erzeugen, — von der Langenweile zerfressen zu werden. Ihre Vergnügungen selbst sind mit Gifte bestreuet. Medisanze und Verläumdung würzt ihre interessantesten Gespräche, und Kartenspiel beschäftiget ihre gedankenleere Seelen, damit sie die Last ihres Daseyns weniger fühlen mögen. Welcher Mensch könnte diese Gattung menschenartiger Geschöpfe beneiden? — Freylich sind sie nicht alle so? — freylich sehen sie unter einander selbst die Lächerlichkeiten ihrer einmal schon etablirten Thorheiten ein; freylich giebt es darunter sogar würdige Männer — aber der größere Theil? die Folge meiner Schrift, welche einzelne Karaktere zeichnen und darstellen wird, soll es noch evident genug machen.

Der leonische Abel stimmt mit dem wirklichen in den karakteristischen Hauptzügen überein, und unterscheidet sich vor ihm nur in dem Grade des Lächerlichen, oder

oder besser zu sagen — Verächtlichen.
Wenn ich einen Monsieur du Boi, welcher das Glück hatte, der königlich preußischen Familie das erste Minuet vorzutanzen, in allen seinen Minen und Bewegungen ein gewisses Ministerair ausdrücken sehe, verzieht sich allenfalls mein Mund — über diese seine Selbstgenügsamkeit zum Lächeln: wenn aber ein Tanzbär sogar des du Boi air' annehmen will, dann spannt sich mein Lächeln ab, und übergeht in ernste Verachtung.

Was man den angeerbten Vorurtheilen des Adels verzeiht, kann der dummen Eitelkeit des Bürgers, dessen Erziehung weniger betäubend war, nicht so leicht verziehen werden. Wenn eine Dame truthahnartig mit einem Bedienten hinten am Schlepp einherstolziert, — gut, das ist man gewohnt, das beleidigt keine Seele: wenn aber das nämliche eine Räthsfrau oder Komödiantinn, die noch immer seit gestern Abends die Gräfinn spielt, oder eine Syndikusfrau, oder eine Kanzellistinn, die immerhin

hin Ihre Gnaden sich schelten läßt, nachäffet, so ist dieses ein Auftritt, den man von der Bühne der Welt wegpfeifen sollte: nicht eben darum, weil der Affe das Air des Tanzmeisters du Boi affektirt, sondern weil dieses dumme Vornehmthuen gewöhnlich die Ehemänner ruinirt, oder, wenn auch ihre nicht unmittelbar, doch gewiß anderer Weiber ihre oder sonst junge Kavaliere, welche diesen Staat aus allen Kräften unterstützen, und der gnädigen Frau gehörig nachhelfen müssen. Unter diesem leonischen Adel verstehe ich nicht den kleinen Adel, sondern bloß die bürgerlichen Nachäffungen desselben und des größeren; Gewürz = und Schwefelkrämerdamen z. B. und dergleichen mehr.

 Freylich werden durch den Gebrauch des Titels Gnaden alle Gesellschaften egalisirt, man ist nicht, wie zu Berlin, Dresden u. s. w. in einer vermischten Gesellschaft um den gehörigen Titel verlegen, — jeder weibliche Wisch ist Ihro Gnaden, und jeder männliche Wicht Herr von — Ihre verschiedenen Karaktere kommen hier ganz und gar nicht in Anschlag.

         Die=

Dieser Titel Gnaden gebührt, streng genommen, auch nicht einmal den Damen aus dem Ritterstande, und der Ritterstand gehört bekanntlich doch schon zu den höheren Landesständen. Wie lächerlich ist es erst dann, wenn sogar bürgerliche Weiber sich damit kützeln lassen! — Aber so haben sich nun die Dinge in der Welt geändert. Sonst waren die Ritter gestrenge Herren, ihre Töchter edle Jungfern oder gestrenge Fräuleins. Georg von Podiebrad selbst, der nachmals König von Böhmen wurde, hieß gestrenger Herr; der Titel gnädiger Herr, gnädiges Fräulein war den regierenden Herrn vorbehalten. Wenn nun der König Georg aufstehen möchte, und einer Kanzellistenfrau aufgeführt würde, wie müßte er erstaunen — wenn er diesen hohen Titel Euer Gnaden so sehr genothzüchtiget fände!

Doch das wird nun nicht anders werden: es bleibt, wie es ist, — man schreibe auch darüber was man wolle. Meinetwegen! warum sollte es aber nicht billig seyn, darüber zu lachen?

Fre=

Freylich nun verhält sich eine wirkliche Dame zu einer bürgerlichen, wie der Tanzmeister du Boi zu einem Tanzbär; freylich ist oft die Realität des wirklichen Adels im Durchschnitte dennoch eben so wenig als die der bürgerlichen ambitionirten Nachäffung desselben werth — allein, wenn mich die Pflichten der Gesellschaft verbinden, die Reliquien, die auch zum größten Theil keinen innerlichen Werth haben, äußerlich zu verehren, so fordern sie doch nicht, daß ich unterschobene Lappen statt ächter Reliquien annehme? — und dieses thun denn auch im Grunde ihrer Seelen alle vernünftige Menschen, welche, sie mögen mit den Gnaden noch so freygebig seyn, die gnädige Gewürz = und Schwefeldame auslachen. Man wird mich doch nicht fragen, ob ein wirklicher Adel existire, und worinn er bestehe? Wenn ich zu dieser — so deutlich den wahren Adel ausdrückenden Zeichnung noch die Anmerkung hinzu setze, daß diese Dame eine in der äußersten Noth schmachtende Familie vor nicht gar langer Zeit mit 300 baaren Gulden von ihrem mit ihr schon endenden

Elende

Elende errettete, — daß sie täglich mit
ähnlichen, wenn gleich nicht so beträchtli=
chen Wohlthaten Wittwen und Waisen
überhäuft; — daß sie durch ein höheres
Erkenntniß menschlicher Pflichten alle Be=
dürftigen froh ihres Lebens zu machen
wünscht, daß sie durch eine glückliche Mi=
schung ihres Temperaments, dann durch
die Freyheit ihres verfeinerten Geistes den
Kreis ihres Lebens jedermann intereſſant
und angenehm macht; wer will mich noch
fragen, ob ein wirklicher Adel existire, und
worinn er bestehe?

Also wohl nicht in dem äußerlichen
Stolzieren und der Titulatur — deren
Vernachläſſigung, besonders bey dem
Frauenzimmer, dem Geradezu, — wel=
cher nichts in der Welt übertreibt, — die
Augen kosten dürfte? — Weh dem Fremd=
ling, der einem bürgerlichen Fräulein —
das Unrecht thun wollte, sie eine Jung=
fer zu nennen. Fräulein heißt es links
und rechts — oder es stehen uns jung=
fräuliche Krallen zu Diensten. Gut! wer
wird einer Kleinigkeit wegen eine Katzen=
balferey riskiren — wegen einer Kleinig=
keit

keit, die an und für sich selbst so unbedeutend ist? Denn das Wort Fräulein wurde in der Bibel auch dem weiblichen Geschlecht unter den Thieren gegeben *), Gott, heißt es daselbst, schuf von jeder Thiergattung ein Männlein und ein Fräulein. Wenn also schon im alten Testament Gänse und Küh — Fräuleins gewesen, warum sollte es unbillig seyn, mit diesem Namen auch unsere heutigen Jungfern zu beehren? —

*) Berl. Korr. Plag.

Die schöne Sophistinn Karoline.

Ueber die Freymäurer.

Karoline eben so geschmeidig am körperlichen Bau als an Seele, von der Natur reichlich mit Grazien begabt, von den Musen begünstigt, von allen itzt lebenden, und ihr bekannten Adonen angebetet, von Aspasien ihrer Zeit beneidet, und von allen Faunen begehrt; Karoline, das weibliche Orakel ihrer Wohnstadt, das Ziel aller Männerwünsche — selbst der unkörperlichen Poeten, die ihr geistiges Feuer von ihrer Seele borgten, und durch ihre Reize, die sie, von ihnen selbst begeistert, besangen, — der Unsterblichkeit überliefert wurden, — oder wenns damit nicht recht fort wollte, bey ihr offene Tafel fanden; — Karoline — —

Nein! das ist um die Gedulb zu verlieren, rufen meine Leserinnen, was der Verfasser da von seiner Karoline zu schwä=

tzen hat! Wir verbieten uns vors erste alle Deklamationen! "Wohl! Karoline also, von welcher ich künftig so viel sagen werde, als die Eitelkeit meiner Leserinnen, die auf jedes Lob, das ein anders Weib trifft, eifersüchtig ist, weil — eine jede im Grunde ihres Herzens uns zu gefallen, und uns Vergnügen zu machen wünschet — versteht sich in Ehren! — wofür auch wir denn nicht dankbar genug seyn können, versteht sich abermals — wofern sie selbst allemal damit zufrieden sind — — in Ehren! — Karoline also erfuhr, daß ihr Liebhaber in den Orden der Freymäurer treten wolle.

Sie hat unter tausend Tugenden ihres glücklichen Temperaments, und ihres weiten Erkenntnißvermögens den Fehler der Liebe, der an einer Dame vom Ton unverzeihlich ist, — daß sie das Herz ihres Geliebten auf keine Weise getheilt wissen will. Es soll durchaus an keinem Dinge in der Welt Interesse finden, das nicht Beziehung auf sie hätte: — in ihr und durch sie nur soll es leben, oder ewig ihr entsagen.

Graf

Graf Friedrich, der noch bis itzt diese leichten Bedingungen pünktlich erfüllte — — denn leicht wußte ihm Karoline die Erfüllung dieser Bedingungen zu machen, die, von der Sache eigentlich zu reden, nur stäts nothwendige Folgen ihrer Gefälligkeiten, ihres Witzes, ihres Humors und ihrer Liebe waren. Friedrich kannte die ihm so heilige Empfindlichkeit seiner Karoline zu gut, als daß er sein Vorhaben, Freymäurer zu werden vor ihr nicht hätte verbergen sollen. Allein er vertraute sich Karln **, der, um seinen Freund zu stürzen, und seinen Platz bey Karolinen einzunehmen, das heimliche Vorhaben der Angebeteten verrieth, — und durch diesen Verrath, von ihr als ein niederträchtiger Mensch auf immer entfernt wurde. Sie haben mir einen wichtigen Gefallen erwiesen, sagte Sie, ich danke ihnen; allein Sie haben zugleich ihren Freund verrathen, — und dafür — fort aus meinem Hause! Indessen will ich, weil ich weis, wie viel Ihnen an Friedrichs Freundschaft gelegen seyn muß, nie eine Verrätherin an Ihnen werden.

Sie war noch unschlüssig, die nöthigen Maaßregeln zu ergreifen, — um ihren Geliebten zu strafen, als er selbst ins Zimmer trat.

Nach einem wichtigen Gespräche, welches die neuesten politischen Ereignisse betraf, lenkte sie es auf Karln seinen Freund ein, von dem Sie Friedrichen mit etwas wärmern Tone viel Schönes recht schön zu sagen wagte. Ihr Geliebter gab ihr mit einem Blicke seine Unzufriedenheit darüber zu erkennen, und Sie —? so lieb mir auch, sagte sie, der Umgang Ihres Freundes gewesen, hab ich heute — bloß darum, weil sie sein Eintritt in mein Haus beleidigte — oder doch zu beleidigen schien, — ihm auf eine Art mich zu besuchen untersagt, die seine gute Meynung von mir gewiß nicht schwächen wird. Und nie, so oft sie auch der rachgierige Verbannte verläumbete, so sehr es auch in ihrer Macht stund, ihm mit Friedrichs Freundschaft — seinen Lebensunterhalt zu entziehen, und so oft auch Friedrich den Wunsch äußerte, ihre Gesinnungen über Karls Betragen zu wissen, — nie ist sie doch an diesem

Verläumder wortbrüchig geworden. — So handelt Karoline. Wir sollen bald hören, wie sie denkt.

Es verflossen vierzehn Tage, ohne daß sie den Wurm, der ihr Herz zernagte, Friedrichen wahrnehmen ließ. Oft wollte sie in seine Arme stürzen — aber die Furcht, daß ihr Geliebter die Verrätherey seines Freundes, — (den freylich wohl nur Liebe aus dem Gleise bringen, und beleidigte Ehre — reizen konnte, Karolinen zu verläumden,) — errathen könnte, verhinderte sie, ihn zu fragen: warum er sie verlasse? —

Zu ihrem Glücke besuchte Sie eines Tags mit Friedrichen ein erklärter Freymäurer. Hier konnte sie ohne bey ihm einen seinem Freunde nachtheiligen Verdacht zu erwecken, von dem Orden der Freymäurer reden. — Es ist doch äußerst beleidigend m. H. sagte sie, daß die Freymäurer die Weiber von ihrem Orden ausschliessen. Die Erfahrung lehrt uns alle Tage mit tausend Beyspielen, daß die Schwatzhaftigkeit bey den Männern eben
so

so gut als bey uns zu Hauſe iſt: und keinem einzigen Weibe eine redliche Verſchwiegenheit zu zutrauen, iſt wahrhaftig unbillig und unhöflich. Mit der ſchalen Entſchuldigung, daß man in dem Alterthume zu den großen Myſterien auch kein Frauenzimmer zugelaſſen, und daß, wenn ſie auch zu den Orgien einen Zutritt hatten, es nur dann geſchehen ſey, wenn die kleineren Geheimniſſe auf dem Tapete waren, daß es auch ſo in der pythagoriſchen Schule gieng, deren innerer Unterricht bloß für Männer war, u. ſ. w. — werden Sie bey mir nicht aufkommen; ſo wenig, als mit dem lächerlichen Vorwand, — daß ein geheimer Umgang mit Weibern den Kredit ihrer anerkannten Tugend ſchwächen würde: denn auf dieſe Art müßten alle vermiſchten Geſellſchaften der Welt verdächtig werden.

Der Freymäurer, der auf keinen Fall reden durfte, — verließ die Geſellſchaft, und Friedrich blieb da auf Kohlen. In der That fuhr ſie fort, dächten alle Weiber, wie ich, — dann gäbs in kurzer Zeit keine Spur von Freymäurerey. Ich

könnt

über Deutschland.

könnt es nicht vertragen, daß ein Mann, den ich an meine Brust drücke, — dem ich stäts mein Herz öffne, ein Geheimniß vor mir haben sollte, oder welches gleich viel ist — mich nur muthmaßen ließe, daß er eines vor mir haben könnte. — Denn, daß es mit der Existenz freymäurerischer Geheimniße noch sehr problematisch aussieht, ist außer allem Zweifel.

Sie werden wohl also nimmermehr zugeben, erwiederte Friedrich, daß ich in diesen Orden trete — den ich doch so sehr hochschätze?

"Wie? — Hat mein Umgang und meine Liebe in ihrer Seele so viel Leere gelassen, daß sie neben mir noch ausschweifen wollen? — und wissen Sie diese ihre Seelen oder Herzensleere mit nichts besserem auszufüllen, als mit Chevilla, Kapella, Kabala und Sybilla? Sie werden dieses mein Urtheil — oder vielmehr meinen Spott hart unbillig und eigensinnig finden? aber gestehen Sie nur selbst, daß die Mäurer wenigstens den Weibern alle Veranlassung dazu geben.

Der

Der aufgeklärte Verstand, wovon Sie mir seit unserer Bekanntschaft unzweydeutige Proben gegeben, scheint, warum weis ich nicht? — wenig Theil mehr an ihren Handlungen zu nehmen. —

Friedrich. Gräfinn, Sie wollen allein seyn!

Karoline. Bravo! wenn ich sie noch so leicht beleidigen kann — so sind sie gegen mich noch nicht — — helfen sie mir doch? ich bin um ein Wort, das etwas mehr sagte — als gleichgültig verlegen? —

Friedrich. Wenn Verstandlosigkeit so anstecken ist, wie Schnupfen — so mögen Sie es immer meiner Gegenwart zuschreiben, daß es Ihnen an Worten und Ausdruck gebricht.

Karoline. Allein, sagen Sie mir trotz ihrer, meine Worte verkehrenden Bosheit, welcher vernünftige Mensch könnte ein Gut verlangen, davon er keine oder nur dunkle Begriffe hatte? Die Absicht, in den Freymäurerörden zu treten, kann bey Ihnen und allen dießfälligen Kandidaten keine andere seyn, als um — die

Mode

Mode mit zu machen, oder mittelst einer Erlage von 10 Dukaten sich tausend Dutzbrüder anzuschaffen. — Und ist diese Absicht edel? ist sie vernünftig? Oder glauben Sie etwan auch gar an die Mährchen von Goldmacherey und Geisterseherey? Hoffen Sie den Stein der Weisen, oder die Universalmedizin zu erfinden? Wollen Sie in der Welt mit Ziehen (denn dieser Prophet muß ein Mäurer seyn!) Schröpfern, Schwedenburgen, dem Berliner Planetenleser, und dem Görlitzer Schuster Böhme — um den Rang streiten? Wollen Sie sich bey der Nase von Ihren älteren Brüdern herumführen lassen, — von denen Sie, nach langer Prüfung geheime Dinge zu erfahren hoffen, — welche diesen älteren Brüdern eben so geheim und verborgen sind, als ihnen? Wollen Sie eine Pantomimensprache und ein rothwälsches Schnickschnack erlernen, um sich als Eingeweihter Ihres gleichen zu erkennen zu geben? Ein Ordenszeichen mit zween in einander gelegten Händen und eine Mäurerschürze tragen, ohne jemals etwas zu bauen — als Luftschlösser? Wollen Sie dem ersten des besten Vagabunden, der zu Berlin,

lin, wo es ordentliche Freymäurerwerber giebt, in einer Schuhmachergesellenloge aufgenommen wurde, Bruder seyn, und ihre thätige Liebe an ihm beweisen, worauf ihre Mitbürger, deren Noth ihnen bekannt ist, doch die ersten Ansprüche machen? Wollen Sie Monopolium mit der Liebe treiben, und die Menschen, da doch alle gleiche Rechte auf Ihr Vertrauen und Offenherzigkeit haben, mit Geheimthun beleidigen?

Friedrich. Sie reden von einer Gesellschaft, deren Fundamentalgesetze ihnen ganz und gar unbekannt sind: und sie glauben recht zu haben?

Karoline. Unbekannt? und ganz und gar? — Die Seele einer jeden Sekte ist Fanatismus. Setzen Sie den Fall, daß zween brodlose Menschen davon der eine ledig und Mäurer, der andere verheurathet, und mit vielen Kindern gesegnet — aber Profan sey; eine erledigte Beamtensstelle zu erlangen suchen: der Mäurer, um bequemer zu leben; der Profan, um seine Kinder der Hungersnoth und sich selbst der Verzweiflung zu entreissen. Der Maurer findet seine Brüder am ersten Tage, da jene
ne

ne Bedienstung erledigt wurde, — den Ex=
cellenzherrn Präsidenten sowohl, als die
Räthe und den Referenten in dieser Ange=
legenheit beysammen. Er empfiehlt sich ih=
nen aufs beste, seine Aufführung ist tadel=
frey: und er wird angestellt eh' noch der
arme Vater von so vielen Kindern ein
Mittel gefunden, dem Herrn Präsidenten
vorgestellt zu werden. Man bedauert, ver=
mög der Pflicht der Menschlichkeit, daß
man nicht helfen könne, gesteht dem ver=
zweifelnden Vater, zu seinem noch größern
Schmerze, zu, daß er unendliche Vorzüge
vor dem jungen Maurer besitze, der ihm
— weil er zusehr versteckt gewesen sey,
schon leider vorgezogen worden. Man
giebt ihm aufs künftige das Wort, und er
— stirbt mit dem Troste, daß die freymäu=
rerischen Menschenfreunde — seiner, wenn
er sich nur bey Zeiten meldet, gewiß nicht
vergessen werden.

  Friedrich. Ob dieses Faktum auch
historisch wahr seyn möchte? —

  Karoline. Schlimm genug, wenn
es nur möglich ist.

         Friedrich.

Friedrich. Wir haben Beyspiele, daß die Mäurer auch den Profanen nur zu oft ersprießlich gewesen.

Karoline. Waren sie bloß als Mäurer oder als Christen?

Friedrich. Als beydes zugleich. Die Grundsetze der Mäurerey haben wahrscheinlich jene des Christenthums belebt. —

Karoline. Und sie dürften mit diesen holdseligen Grundsätzen hinter'm Berge halten? Sie geben mir neue Waffen in die Hand. Warum machen die Mäurer zur Aufnahme der Sitten ihre moralischen Geheimnisse nicht allgemein bekannt? — Und warum schließen sie überhaupt Juden und Türken von ihren Logen aus?

Friedrich. Vielleicht, in Absicht ihrer geheimen Grundsätze, — weil nicht die Profanen, ohne vorhergehenden Unterricht, dieselben begreifen würden, — oder weil ihr Stifter diese Bedingung zum Wohl der Gesellschaft, wenn wir auch nicht begreifen können: Wie? festgesetzt hat. Was die Juden aber und die Türken betrifft, die von der Massonerie ausgeschlossen werden

Karoline. Nun? —

Friedrich.

Friedrich. Dieses geschieht vielleicht nur darum, weil sie unfähig erkannt werden, — Eide abzulegen, die ihnen eben so als den Christen ihre gleichheilig seyn müßten.

Karoline. Nein, unmöglich. — Erstens kann der Eid an und für sich selbst den Menschen zu nichts verbinden, — wozu er schon nicht durch die Pflichten der Natur verbunden wäre: und dann ist es lächerlich, von seinem Nebenmenschen ein Pfand abzufordern, worüber er nicht das geringste Recht hat. Wenn Sie mir zuschwören wollten, daß wofern sie mir einst untreu würden, sie alle Ansprüche auf das Kaiserthum des Großsultans wollten verlohren haben, so würde ich sie auslachen? So eben verhält sich's mit Ihrem Leben und Ihrem Seelenheil. Sie können nichts von beyden verpfänden. — Auf das erstere haben sie selbst kein Recht, und Ihre Ansprüche auf das letztere sind nur negativ. Wenn Sie Gott zu Zeugen nehmen, können Sie ihn wohl lästern — aber auf keinen Fall die mir angewiesene Hypothek besser und positiv machen. Und wenn auch dieses negative Pfand — noch immer die alte Kraft behaupten sollte: ist wohl außer

dem

dem Staat irgend ein Mensch, eine Win=
kelgesellschaft oder Privatperson befugt, sie
oder einen anderen in Eidespflicht zu neh=
men, um einen Staat im Staate zu formi=
ren, oder auch um sie zu noch so heilsa=
men Dingen zu verbinden? — Endlich
sey auch diese widerrechtliche Befugniß
dahingestellt, — was wird zu einem Eide
erfordert? — Wie muß er abgelegt wer=
den? aus was Ursachen? —

Friedrich. Ihre Weisheit Madame!

Karoline. Beugen Sie nicht meinen
Gründen aus, die sie erst widerlegen müs=
sen, — wenn sie mir nicht, was ich mir
als Freundinn und Dame verbiete, verächt=
lich begegnen wollen.

Der Eid, wenn er nicht phantastisch
sondern vernünftig ist, — muß, auf na=
türliche Pflichten gegründet, nur positive
Vortheile verpfänden können; auf die
der Eidschwörende bey Verletzung seines
Schwurs Verzicht thun darf. Ich z. B. kann
dem Staate die Vortheile a), so mir
aus der Gesellschaft erwachsen können, zum
Unterpfande setzen, daß ich die Berau=
bung

a) Nach Pred. Schulzens Verf.

bung dieser Vortheile, und meine Ausstoßung aus dieser Gesellschaft oder Staate für rechtmäſſig anerkennen will, im Fall ich meinen Eid breche. Derjenige Theil meiner Wohlfahrt aber, der nur unmittelbar mir gehört, den ich der Gesellschaft gar nicht zu verdanken habe; ist überhaupt keiner Verpfändung und folglich auch der an die Gesellschaft nicht fähig. Z. B. Das Leben —

Friedrich. Ihrem Witze ganz gemäß! Wenn ich aber der Gesellschaft doch mein eigenes Leben zu danken hätte? —

Karoline. Das werden sie doch nicht ernstlich behaupten wollen? Nun weiter! wenn der Eid vom Staate abgefordert wird, so muß ihn die äußerste Wichtigkeit erheischen. Ueber gering bedeutende Dinge die ganze gesellschaftliche Wohlfahrt verpfänden wollen, wäre rasend. Endlich wenn ihn jemand abzulegen gezwungen wird, so muß er, sowohl die Wichtigkeit der Ursache, warum er ihn ableget, als des Unterpfandes, das er leistet, kennen. Nun aber fodern die Mäurer ihren Brüdern blindlings den schrecklichsten aller Eidschwüre ab; sie lassen — — (so schwatzt man es

ihnen

(ihnen wenigstens nach —) die Kandidaten schwören, ohne ihnen zu sagen, warum sie schwören; denn das, was man ihnen sagt, künftige Dinge, davon sie ihnen itzt keinen Begriff beybringen, geheim zu halten, ist so gut als nichts. Es ist, dünkt mich) eben so gut, als ob ich sie wollte schwören lassen, daß in jenem verschlossenen Kasten ein kostbarer Talisman verborgen sey? "Ich schwöre, daß ich alles, was mir jemals anvertraut werden wird, — verschweigen will! — dieß ist der leichtsinnigste aller Schwüre. Ich hab mich dabey vollkommen auf Gnad und Ungnade ergeben; es ist eben so gut möglich, daß ich Dinge, welche mit allen meinen Pflichten in Kollision stehen, beschwur, als das Gegentheil möglich ist. Setzen Sie voraus, ich geb Ihnen mein Wort, daß ich weit entfernt sey, es selbst zu glauben, — man habe den Mäurern nicht Unrecht gethan, ihren Ursprung von Kromwellen, der eine Universalmonarchie stiften wollen, abgeleitet zu haben. Setzen Sie voraus, ihre ganzen Geheimnisse wären der Inbegriff des Kromwellischen Systems, die sich nach einem Messias, wie Kronwell sehnten, um die

Ver=

Verbindlichkeit, die sie gegen ihre regierende Landesfürsten haben, auf einmal abzuschütteln — — nun hätten Sie —, Sie, ein treuer Unterthan und Verehrer ihres Monarchen bey Gott und ihrer Seligkeit Hochverrath geschworen? Ich frage sie, war der Schwur, den Sie auf einen ungesehenen Haasen im Sacke ablegten, gültig? Konnt' er ihnen jemals abgefordert werden? war es nicht leichtsinnig ihr Heil, ohne zu wissen wofür, verpfändet zu haben? Wie? hab ich ohne Grund in ihrem Gehirne Alterationen vermuthet? in ihren Verstand ohne Grund Mißtrauen gesetzt? —

Friedrich. Nein, Sie überreden mich nicht von meinem Orden geringschätzig zu denken, der allgemein verehrt wird; der sich so tugendhaft auszeichnet. —

Karoline. Dessen Fundamentalgesetze aber nicht die weisesten sind.

Friedrich. Darauf ich doch auch nicht schwören, was ich ernstlich nicht behaupten möchte! Oder wissen Sie auch mehr von dem Orden, als was die Welt davon spricht? Ist von jedermann, so lang das Gegentheil nicht erwiesen ist, — Gu-

D   tes

tes vorauszusetzen: wie vielmehr von ei=
nem Orden, der aller Orten mit vereinig=
ten Kräften Gutes stiftet? Sie reden vom
Staat im Staate? — Ist es nicht in den
Natur= und Staatsgesetzen gegründet, daß
wenn ich für meine Person allein zu schwach
bin, meinen Nächsten aus der Grube, in
die er unglücklicherweise fiel, herauszuzie=
hen, ich mit einem meiner Freunde mich
verbinde, dieses gute Werk zu verrichten?
daß ich mich vorläufig mit diesem Freunde
bespreche, und gewisse Regeln festsetze, auf
welche Seite wir ihn beyde ziehen, wel=
chen Weg wir mit ihm nehmen wollen,
um ihn desto leichter zu retten? denn sonst
wär's ja möglich, daß wir, ohne solche
Verabredung, ihn hin und her reissen, und
ihm mit dem besten Willen von der Welt,
noch mehr Schaden zufügen könnten?

Ist der Errettete beleidigt, wenn
wir ihm, um mit baar bezahlender Vergel=
tung oder einer belästigenden Dankbarkeit
von ihm verschont zu bleiben, nicht geste=
hen wollen, auf was für eine Art wir ihn
retteten? Wär es nicht äußerst unklug,
wenn der Arzt jedem Kranken die Be=
standtheile der ihm verschriebenen Arzneyen

er=

über Deutschland.

erklärte? würde er durch dieses Vertrauen nicht oft in dem Kranken einen Eckel erwecken, der das heilsamste Medikament seiner Wirkung berauben würde? Ist dieses Geheimthun des Arztes eine Verletzung der gesellschaftlichen Pflichten? Vielleicht sind die meisten Geheimnisse der Mäurer von ähnlicher Art? — Vielleicht eine feyerliche Versicherung ihrer Treue gegen die Gesellschaft, um des allgemeineren Bestehs willen, äußerst nothwendig? Vielleicht

Meine Einwürfe also und ihre Widerlegungen derselben sind — (fällt ihm Karoline mit gefälligerem Tone ein, um durch Hartnäckigkeit Friedrichen nicht zu erhitzen) — auf Muthmaßungen gegründet: Ich habe nichts erwiesen, Sie haben nichts bestritten, nur eine Frage haben sie veranlaßt, die Sie noch beantworten müssen, warum sie nämlich mit so viel Eifer stritten?

Friedrich. Weil ich es ihres Herzens unwürdig hielt, von einer ganzen Gesellschaft guter Menschen, Arges zu denken. Sie kennen den Grafen Armhold, — Sie versicherten mich, an ihm seit zwey Jahren eine gewisse Lebensart

D 2 wahr-

wahrgenommen zu haben, die ihnen viele
Achtung für ihn eingeflößt hätte. Sie fanden, daß sein Gesichtskreis merklich erweitert,
seine Begierden gereinigt worden, und daß
durch sein weiteres Erkenntnißvermögen
sein Gefühl — welches mittelst eines
himmlischen Zaubers die Kinder der Natur,
ohne daß sie sich diese Wirkung zu erklären wissen, zum Wohlthun bestimmt, nicht
erkaltet sey. Die beste Art den Waisen
beyzuspringen, — die ganz neue Kunst,
Gutes zu thun, ohne jemand durch seinen
moralischen Vorglanz zu beleidigen, und
die Fertigkeit mit Vermeidung aller Prahlerey, sich seines thätigen Wohlwollens
zu freuen — haben Sie mit Entzücken
seit zwey Jahren an Armholden wahrgenommen.

Wissen Sie also auch, daß seit 2
Jahren Armhold die Mäurerlogen besucht.

Sollten die Mäurergrundsätze, und
der Umgang mit so vielen braven Männern keinen Theil an dem Wachsthum seiner sittlichen Vollkommenheit haben? Werfen Sie mir nicht ein, daß es auch Lumpen darunter giebt: denn diese können doch
unter die ächten Mäurer, weil sie sich

durch

über Deutschland.

durch gewisse äußerliche geheime Zeichen als Maſſons zu erkennen geben, eben so wenig gezählt werden, als jene Böſewichter; die handelnd alle Grundſätze des Chriſtenthums leugnen — unter jene ächten Chriſten, weil ſie eben ſo gut als jene — das Kreuz ſchlagen können?

Karoline. Nun ja, ich denke nichts Arges — nur in Abſicht des Eides, den Sie widerrechtlicherweiſe — und auf eine ſo auffallend ungerechte Art abfordern. —

Friedrich. Auch dieſes will ich künftig widerlegen — wenn ich mehr zu metaphiſiſchen Spitzfindigkeiten als zu holdſeligen Empfindungen geſtimmt ſeyn werde. Ich will erſt ihr Herz überzeugen: denn dieſes, verzeihen Sie meine Aufrichtigkeit, iſt mir noch immer werther als ihr Verſtand. Sie wiſſen wie eigennützig ich bin. Ihre Vernunft, ihr Witz, ihre Art und ihr ganz eigenes Genie alle Gegenſtände aus den neuſten Geſichtspunkten zu betrachten — tödtet allenfalls meine Langeweile, und flößt mir Ehrfurcht für ſie ein, — allein ihr Herz, das ihre Wahrheiten ſo oft paradox macht, ihre Paradoxen ſo oft widerlegt, — das ſie zu Wohlthätigkeit

lei=

leitet, und sie zur praktischen Menschen=
freundinn macht, — kaum sie Misantro=
pie verfochten und gebilligt haben; — ihr
Herz, bey dem meine Gefälligkeiten mit
100 Perzenten angelegt werden, erfüllt
mich mit Liebe, und macht mein Daseyn
den Engeln selbst beneidenswerth.

Lassen Sie mich also zuerst ihr Herz
von dem entschiedenen Werthe der Masso=
nerie überzeugen, und wenn ihr schwarzes
Auge, das noch stäts allen Unmuth aus
meinem Innersten verscheuchte, — mit ei=
ner Thräne ja spricht, dann will ich ihre
Lippen mit den heißesten Küssen bedecken,
— wenn sie nein stammeln.

Karolinens kalte Vernunft war be=
reits an der Wärme der Ausdrücke eines
so lieben Advokats zur Hälfte geschmolzen,
— als Friedrich nach einer kleinen und
stillen Pause folgendergestalt wieder einlenkte.

Liebe Gräfinn, Sie wissen sich noch
jenes betrübten Zeitpunktes zu erinnern,
da Gott seine segnende Hand von unse=
rem Vaterlande abgewendet zu haben schien,
dergestalt, daß die Unfruchtbarkeit unserer
Fluren die hinreichende Ursache von vieler=
ley Krankheiten wurde, welche viele Tau=
sende

ſende armer und hilfloſer Menſchen nie=
derwarf, und tödtete. Wie oft hatten ſie
dieſes Elend bejammert, wie oft den göttli=
chen Wunſch geäußert, daß doch alle
wohlgeſpickten Schüttböden, da ſchon ih=
re Menſchenliebe die ihrigen ganz und gar
ausgeleert hatte, ihnen zugehörten? Mit
welchem Unwillen klagten Sie mir, daß
einheimiſche Prälaten in einem für unſer
Vaterland ſo kritiſchen Zeitpunkte die Korn=
juden ſpielten, da ſie doch Muſter aller Chri=
ſten ſeyn ſollten? damals behaupteten Sie,
— ein Prieſter, der eheliche Liebe ab=
ſchwur, müſſe die Liebe wohl im weiteſten
Verſtand aus ſeinem Herzen gänzlich ver=
bannt haben, denn ſonſt könnten Sie ſich
auf keine Weiſe dieſe Grauſamkeit erklären.

Sie beharrten bey dieſer Lieblings=
idee, führten alle ihre Laſter, davon Sie
jemals unterrichtet wurden, auf dieſe ihre
Urquelle, den Cälibat zurück, und die
Anekdote, daß in Wälſchland fünf Ka=
ſtrate zugleich an verſchiedenen Orten des
kälteſten und pfipfigſten Meuchelmords be=
ſchuldigt worden, hat ihr Syſtem derge=
ſtalt erweitert, daß ſie nichts gegen die
Meynung aufkommen ließen, daß Ver=
ſchnit=

schnittene, Kastraten, und cälibe Priester unmöglich ein gutes Herz haben können. Man verzieh ihnen dieses komische Paradoxon um so leichter, weil der Eifer, mit dem sie es verfochten, ein unzweydeutiges Zeugniß von der Güte des Ihrigen war.

Endlich lernten Sie einen Prälaten kennen, von dessen pünktlicher Erfüllung jener ihm von der Kirche diktirten Pflichten sie überzeugt wurden, so schwer es auch hielt, Sie davon zu überzeugen, — die es nie begreifen wollte, daß der Grad der Aufklärung dieses Prälaten sich mit allen seinen kirchlichen Verbindlichkeiten vertragen könnte. Dieser Mann, sagten Sie oft, ist zu gelehrt, und was noch mehr ist zu vernünftig, als, daß er ein ächter röm. Prälat in allen Punkten seyn könnte: und doch, so aufmerksam ich ihn beobachtete, — und durch andere beobachten ließ, hab ich keinen Grund zu der entferntesten Muthmassung, — daß er heuchele, auffinden können. Er blieb mir ein Räthsel. Meine Menschenkenntniß kann sich aus ihm nicht heraus finden. Es ist wahr, daß er lebe wie ein Prälat — und wie ein geübter Denker spreche. Doch zweifelten Sie noch immer daran, —

eben,

eben weil er ein strenger Priester ist, daß er ein guter Mensch sey."

"Sie ließen sichs gegen Niemand außer mir merken, — und mir vertrauten Sie es, weil Sie wußten, daß ihre Aufrichtigkeit mir theuer sey, und ihr gutes Herz keine Gefahr laufe, von mir, weil sie ohne Ueberzeugung nichts für baare Münze nehmen wollten, verkannt zu werden.

Mir that es weh, daß sie diesem würdigen Manne, um ihr System zu unterstützen, ihre Achtung entzogen; denn es verlanget jeder Liebhaber, — daß seine Geliebte keine Empfindung in ihrem Herzen nähre, davon nicht Keime in dem seinigen vorhanden sind: und das, was ihm heilig ist, auch sie verehre.

Lassen Sie mich nun eines Augenblicks gedenken, der Sie meinem Herzen ewig theuer gemacht hat, — der ihr Schutzengel auf immer geworden ist, — wenn ich Ihnen jemals untreu werden wollte. Jenes Augenblicks Karoline, da sie mit thränenden Augen in meine Arme stürzten, und mein System ist gescheitert! — ausriefen. Dieser Prälat, den ich für einen

stre=

strengen pfipfig-politischen Papisten hielt, — predigt Toleranz, befördert sie werkthätig; verschmähet das darob aufsteigende Gebrüll des Pöbels und das Zetergeschrey der Mönche; läßt den Verstand seiner untergeordneten Geistlichen, so weit seine Kräfte reichen, ausbilden; und, obwohlen jene Prälaten, die ihre Schüttböden den Verhungernden verschlossen unendlich reicher waren, so hat doch dieser, dem ich kein gutes Herz zutraute, und der wahrhaftig, wie ich sage, gegen jene nur sehr arm ist, — 1000 baare Gulden hergegeben, um den betäubenden ersten Schmerz so eben ausgebrannter Bürger zu lindern. Schickte, und schobs auf einen Dritten, Viktualien dahin. Versprach, mit vereinigten Kräften seiner Freunde, mehr zu thun. Zog, mit einem väterlichen Troste den Stachel der Verzweiflung aus ihrem Herzen, indem er ihnen schon werkthätig bewies, daß sich Gott erbarmen könne. "Ja, lieber Friedrich, schloffen sie, man kann im strengen Verstande ein Prälat, und doch ein sehr würdiger Mensch seyn.

Wenn nun dieser Prälat, liebe Grä=
finn, dieser würdige Mann ein Mäurer
wäre?

Karoline. Sie haben gesiegt! —

Friedrich. Ich darf also, Sie er=
lauben es mir, in diesen Orden treten?

Karoline. Sie werden demselben
keine Schande machen.

Friedrich. Und sie, liebe Gräfinn,
sollen um ein Paar weiße Handschuhe
reicher werden.

Karoline. Die mir ein Heiligthum
seyn und bleiben sollen.

Apropos! — Wenn unter ihren
künftigen Brüdern auch der Prälat, dessen
sie eben erwähnten, die Loge besucht, sa=
gen Sie ihm, daß ich ihn verehre, daß ich
seiner schönen Handlungen mich nie ohne
inniger Rührung erinnere, und daß, wenn
die Apostel lauter Nachfolger seines glei=
chen gehabt hätten, — es heut zu Tage
weder Türken noch Juden gäbe; oder doch
wenigstens nicht unter dem Volke, das
man getauft hat.

Friedrich. Ich sagte doch nur, wenn
er allenfalls ein Mäurer wäre? — gewiß
weis ich es nicht! —

Karoline.

Karoline. So soll ers ja werden! — Menschen, die ich so ausnehmend liebe, sollen entweder alle Mäurer seyn, oder keiner.

Sie umarmte hierauf ihren Geliebten, und drückte feuerige Küsse auf seine Lippen, und —

Eben trat ihr Gemahl zu ihnen ins Zimmer. *)

Man hat über die Nachricht der Bareyther Zeitung herzlich gelacht, daß die Danziger Armee, welche aus 1500 Stück Infanteristen, und aus 600 Stück Reitern besteht, sich rüste, es mit des Königs von Preußen 200,000 Mann aufzunehmen: eine Armee, welche die bloße Wachtparade des militärischen Monarchens in Todesangst versetzen könnte. "Allein, was ist hier zu lachen? Ein Wurm, auf den man tritt,

---

*) Karolinens, ihres Gemahls und Friedrichs Porträte werden bey einer andern Gelegenheit erscheinen. Bis dahin denke ja niemand Arges von Karolinen. Er erinnere sich hier des blauen Hosenbandes. Honny soit qui mal y pense.

über Deutschland. 61

tritt, weil er uns im Wege ist, krümmt sich unter unsern Sohlen: und Danzig ist dem König im Wege.

Indessen lehrt uns die Geschichte, daß die Verzweiflung oft Wunderdinge that! — Frisch gewagt, ist halb gewonnen. Dazu haben die Unglücklichen und Schwächeren immer mehr Anspruch auf die Allianz des Himmels — als die Stärkeren. Ein höheres Wesen legt sich unversehens ins Mittel, und der ganze Streit ist beygelegt: — der große Goliat vom Zwerge David, und durch ein Wunder mit einem Eselkinnbacken viele Regimenter Philister in die Fanne gehauen.

Wär es nun nicht möglich, daß, wenn ein Paar so kräftiger Kinnbacken an irgend ein höheres Wesen dieser Erde abgesandt würden, die für Danzig mit dem Glücke unserer kunstreichen Advokaten sprächen, daß so ein Paar Kinnbacken, den sieggewohnten König zum Weichen bringen könnten?

Ach! ihr lieben Christen, ihr kennt die Macht der Kinnbacken nicht, wenn ihr noch an dem Wunder der Philisterniederlage zweifelt: Richter, Räthe, Referenten

ten und Advokaten Kinnbacken haben seit der Zeit viele Millionen Wittwen und Waisen todt geschlagen: — haben in der moralischen Welt ein gräßliches Blutbad angestellt, als des Eselskinnbacke unter den Philistern.

Wie, wenn ich erst von den Kinnbacken der Dominikaner in Spanien und Portugall reden wollte? — Was wollten da Eselkinnbacken dagegen seyn?

Einige Einfälle eines großen Künstlers.

Der Künstler**, dessen erfinderisches Genie allgemein bewundert wurde, hörte einst, daß der große Dichter N. in der ganzen Stadt aussprenge, — er gebe jenem zu seinen Arbeiten die Gedanken her. Dieß verdroß den Künstler ungemein. In kurzer Zeit darauf kam der große Dichter ihn zu bitten, für seine heraus zu kommende Blumenlese eine Zeichnung zu verfertigen. Der Künstler zeichnete einige Knaben, die aus einem Topfe Blumen zu ziehen beschäftigt waren — davon sich aber der eine des Wohlgeruchs dieser Blumen wegen fleißig die Nase zuhielt.

Man

über Deutschland. 63

Man war nunmehr überzeugt, daß dieser Dichter jenem Künstler nicht zu allen seinen Arbeiten die Gedanken her gebe.

Ein andermal wurde dieser Künstler von einem Juden, da er in seiner Angelegenheit ausgegangen war, dringend gebeten, ihn zu besuchen. "Lieber Freund, ich eile!

Der Jude. Kommen Sie doch! nur auf einen Augenblick.

Der Künstler. Das nächstemal! entschuldigen sie mich! —

Der Jude. Nein, ich bitte, ich hab ihnen sehr etwas rares zu zeigen. Der Künstler mußte nun, er wollte oder wollte nicht den Juden auf seinem Zimmer besuchen.

Die ganze Rarität, die jener ihm zu zeigen hatte, war ein großer kupferner Adler, den der Jude eingeschachert hatte.

Der Künstler. Was wollen Sie damit anfangen, Herr Isaak?

Der Jude. Sie wissen, daß ich in meinem Garten ein schönes Lusthäuschen habe. Da will ich ihn hinauf setzen lassen.

Der Künstler schüttelte den Kopf.

Der Jude. Meinen Sie nicht?

Der

Der Künstler. Dieser gar schöne Adler ist für jenes kleine Lusthäuschen viel zu groß. Auch schickt sichs nicht recht, daß Sie auf Ihr kleines Lusthäuschen einen Adler setzen. Ich wüßte ihnen dazu einen schicklichern Vogel vorzuschlagen. Nun? fiel der ungedultige Jude freudig ein: was denn für einen Vogel?

Der Künstler. Einen Raben.

In dem Theater der Wohnstadt dieses Künstlers, von welchem ich rede, ist über der Kortine folgende Aufschrift zu lesen: Hic otium prodest. Ein Frember, der neben dem Künstler saß, ersuchte ihn, ihm zu sagen, was denn da oben geschrieben stünde? der Künstler erwiederte: hic opium prodest. "Schon recht, mein Herr, — fuhr der Frembe fort, allein, ich verstehe kein Latein. "So? — Sie wollen also wissen, was es zu deutsch heißt? "Ja, war des Fremden Antwort. Es heißt: heute spielt der Herr Direktor selbst. *)

Der

*) Zur Steuer der Wahrheit muß hier angemerkt werden, daß diesem braven Manne damit zu weh geschehen. Seiner Zeit,

denn

Der witzige Künstler besuchte einstmal den Professor **, — welcher, mit Vollendung eines wichtigen Briefs beschäftigt, denselben bat, sich einige Augenblicke zu gedulden, und sich — so gut er nur könne, bis er fertig seyn würde, zu unterhalten.

Auf einem kleinen Nebentische lag die Reisebeschreibung des Herrn Nikolai aufgeschlagen, der, wie bekannt, vorm Jahr seinen Sohn durch die deutsche Welt führte. Er fiel begierig darauf hin, las einige Blätter mit Aufmerksamkeit, und fieng alsdann an so ungeduldig herumzublättern, daß der Professor, von dem Geräusche in seinem Schreiben gestöhrt, ihn fragte, was er denn suche? — Ich habe hier, antwortete der Künstler, unter tausend schönen Kompilationen, Abhandlungen und theologischen Aufsätzen, die diesem ausgeposaunten Werke einen kostbaren

---

denn er spielt nun nicht mehr, oder nur sehr selten. Sonst war jener Theaterdirektor einer der vornehmsten Schauspielern. Zudem ist er auch der Verbesserer, und das Opfer des guten Geschmacks seiner Landsleute.

ren Bauch anschaften, auch eine ganz niedliche Beschreibung von seinem Wagen und seinen Pferden gefunden; — nun wünscht' ich auch nur bald die Beschreibung von seinem Sohne zu finden.

In einem öffentlichen Garten, der, — weil er viel Schatten und dichte Lauben hatte, von jungen und schönen Leuten häufig besucht wurde, waren eines Tags, wie ausgelesen, die schönsten Frauenzimmer und Mannspersonen versammelt; dergestalt, daß ich, in der Gesellschaft des witzigen Künstlers, über den schönen Schlag von Menschen ganz entzückt, versicherte, ich hätte noch nirgend so viel schöne, starke, große und wohlgemachte Menschen beysammen gesehen. "O, darüber, fiel mir der Künstler ein, darüber dürften Sie sich gar nicht verwundern, mein Herr: — denn hier liegt ja eine starke Garnison! —

Andere Anekdoten.

Der Hamburger Rath und Patrizier ließen eine Kantate verfertigen, die sie bey einem lauten Feste wollten absingen
lassen,

über Deutschland.

laſſen, an dem es zu Hamburg gewöhnlich iſt, nach vollzogner Feyerlichkeit einen Ochſenbraten zu eſſen. Der Schluß dieſer Kantate endete mit folgenden Worten: nachdem wir zu Gott baten, eſſen wir Ochſenbraten.

Derjenige, den Sie angeſprochen haben, auf dieſen Text Muſik zu machen, hatte die Gefälligkeit für Sie, es dergeſtalt zu ſetzen, daß man nothwendig ſingen mußte:
Nachdem wir zu Gott baten
Eſſen wir Ochſen, wir Ochſen, wir Ochſen!
                    braten.
Der ſ!baſige Rath ſoll dieſen Spaß ſehr übel genommen haben.

Bey einem Hofaktus zu Berlin, wo der Adel, natürlich wie aller Orten, vorzurücken pflegt, indeß der Bürger im Gedränge bleibt, klagte ein reizendes Mägdchen, daß ſie nicht von Adel ſey. Ein neugebackener Edelmann mit einem Federhute (womit ſich daſelbſt der Adel allein auszeichnen darf) hörte dieß. "Mein reizendes Kind, ſprach er, und ſtrich ihr herzig die Backen, halten Sie ſich nur an mich,

E 2 — ſo

— so können sie davon profitiren. "Sie haben recht, mein Herr, erwiederte das beleidigte Mädchen; allerdings kann ich von ihrem Adel profitiren, denn grobe Tücher lassen, so lange sie neu sind, die Farbe.

Zu B* entstand ein hartnäckiger Streit, den eine Piece unter dem Titel (die Kalbin) Vitulina erregte, worinn ein witziger Franzos eine galante Dame, von vielen Meriten um den Tempel der Cythere, bitter hernahm. E**, der sich dieser Dame zum Advokaten anbot, fragte, wofür man denjenigen wohl halten könne, der Kälber mache? Man lachte über diesen Einfall, jedoch der Dame wurde damit noch nicht Genüge geleistet. — Sie beschwor ihren Mann, dem Verfasser der Vitulina einen Injurienprozeß zu machen. "Bewahre Gott, erwiederte dieser, ich müßte, weil er dich nicht nannte, den Kürzern ziehn.

"Aber sag' du mir, versetzte jene, was bist du für ein Strumpf? Hat er nicht geschrieben, Vituline sey eine erzdumme Gans? Habe viele Fremden ausgezogen? Hab' ihnen auf den Weg einen
hin-

hinreichenden Grund zur Reue mitgegeben? Habe ihren Mann mit 4 Enden ausgezeichnet? Sey für Geld und gute Worte gegen Christen und Juden barmherzig? — — Strumpf! Was brauchts da noch Namen? —

Allein, der Mann blieb hartnäckig dabey, daß er den Prozeß verlieren, und die Sache dadurch noch ruchbarer werden würde. —

Nun, meine Schönen! Wenn Sie in meinem Werke auf einen Spiegel stießen — darinn Sie vielleicht sich selbst erkennten: denken Sie an Vitulinem!!!

An den Herrn Baron von Nesselrode, gegenwärtig zu B**.

Lieber Freund!

Ihr Gefühl und ihr Verstand hat Sie mir vom ersten Augenblick unserer Bekanntschaft an verehrungswürdig, und nach und nach, — verzeihen Sie mir das Kompliment, welches ich dadurch mir selbst mache, — zu meinem Freunde gemacht. Daß ich diesen Brief drucken lasse, werden Sie billigen: denn Fakta von dieser Wichtigkeit, die den Inhalt dieses Schreibens ausmachen, dürfen den öffentlichen Archiven der Menschheit, — deren bequemste Registraturen bekanntermaßen die Buchdruckereyen sind, nicht entzogen werden.

Am 4ten Decemb. 1783 sind zu Prag drey Brüder Namens Johann, Joseph und Peter Krümer, weil sie kaiserliche Bankonoten verfälschten, auf beyde Backen — auf einem dazu erbauten Schaffot gebrandmarkt, durch 3 Tage mit 25 Stockschlägen bestraft, dann zu einem ewigen Gefängniß verurtheilt worden.

Dieses

Dieses ist eine viel zu gelinde Strafe für ein Verbrechen, welches zufolge eines kaiserl. Patents dd. 1ten May 1770, gleichwie die Verfälschung der Münzen den Missethäter zur Todesstrafe verdammt.

Bravo! hör ich Sie rufen. Es dampft nun also nicht mehr das Menschenblut von den österreichischen Gerichtsaltären der Göttinn Nemesis? die unzweydeutigen Zeugen der Wildheit und Grausamkeit der Nationen, die Galgen, Scheiterhaufen und Räder sinken allmählich nieder; die Staaten massen sich keine Rechte mehr an, welche einzelne Glieder niemals vergeben konnten; — das göttliche für auserwählte Barbaren erfundne Gesetz: auf daß Blut für Blut fließe, wird endlich in gehörige Gränzen zurückgewiesen; bessere Aufklärung und mildere Gesetze werden mildere Sitten nach und nach hervorbringen — — Josephs Andenken wird Ihre Nachkommenschaft segnen, Freund! — —

Hören Sie mich aus, lieber Baron, ohne mir mit panegirischen Exklamationen ins Wort zu fallen. Das ganze, oben nur platt hingeworfene Faktum verdient näher

näher zergliedert, und vor dem Angesicht des Publikums dramatisch behandelt zu werden.

Die Geschichte ist eine bewährte Lehrerinn guter Gesinnungen und also der Tugend: besonders, wenn der Geschichtschreiber die Fakta dem Herzen und Verstande wichtig zu machen weis. Auch ist die Geschichte mancher Missethäter oft lehrreicher, — als die Geschichte mancher Regenten.

Die Missethäter, von denen hier die Rede ist, sind von redlichen und rechtschaffenen Eltern erzeugt worden. Sie genossen einer guten Erziehung, und waren stets die Freude ihrer Eltern. Der eine legte sich auf die Kunst der Malerey; die andern trieben andere Geschäfte. Alle Militärofficiers, welche zu, oder um Lubitz (ihrem Geburtsorte) lagen, bestätigen dieses ihnen öffentlich ertheilte Lob.

Diese guten Leute würden in besseren Verhältnissen Wohlthäter der Menschen geworden seyn, — deren Abscheu sie nun sind.

Man muß daher nie über die Schwere des Verbrechens verschiedener Missethäter

thäter erstaunen, sondern lieber auf seiner Hut seyn, — weil das beste Herz in kritischen Lagen eben so leicht sündigen, als es sich leicht in einer minder kritischen Lage vor einer Sünde entsetzen kann.

Ein Weichling, der heute bey ruhiger Gemüthsverfassung bey einer Aderlasse ohnmächtig niedersinkt, kann morgen von Ehrgeiz, Eifersucht oder Noth gereizt — ein Mörder werden.

So zum Beyspiel legte es das Schicksal darauf an, die Brüder Krümer unglücklich zu machen. Sie schmachteten, zweymal vom Grunde aus ausgebrannt, in einem drückenden Elende. Die dortigen und umherliegenden Offiziers von ihrem Unglücke und ihrer Rechtschaffenheit gerührt, suchten ihnen ihr Elend erträglicher zu machen, und ließen sich von ihrem Bruder malen. Unter dem Mantel des malerischen Verdienstes jenes Unglücklichen übten diese wackeren Männer so lange sie da in Quartieren lagen, ununterbrochen die Großmuth an den itzo Gebrandmarkten aus. Allein mit diesen biederen Menschenfreunden zog auch ihre einzige Unterstützung ab, und sie suchten lange vergebens
eine

eine andere zu finden. Diese für die Tugend wohlerzogener Menschen selbst so gefährliche Lage benützte der Schwager derselben — Hr. Schwarz: der vormals bey einem böhmischen Kavalier, als Renteinnehmer gestanden, und nun, weil er sich mit jenem Amte nicht so recht vertragen konnte — — von gleicher Noth gedrückt wurde.

Hr. Schwarz — was nun auch die Veranlassung dazu gegeben haben mochte, ob, wie man es zu Prag erzählt, das Portrait eines Juden, den der Künstler mit einer wohl nachgemachten Bankonote in der Hand gemalt, oder, wie es Schwarz in der Untersuchung aussagte, — der mächtige Reiz, der ausgesetzten Belohnung für dießfällige Denunziazion per 10000 fl. — genug, Hr. Schwarz drang in die drey Brüder durch Verfälschung kaiserlicher Bankonoten ihrem Unglücke ein Ende zu machen. Der Maler entschließt sich nach einer unausgesetzten Zudringlichkeit von 6 Wochen in die Vorschläge seines Schwarzen Schwagers zu willigen: verfertigt, nachdem ihm Hr. Schwarz selbst das dazu erforderliche Papier verschafte, schaffte, mit vieler Geschicklichkeit die kaiſ. Bankonoten, und als er mit einer beträchtlichen Anzahl fertig ward (ausgegeben ſind nur ungefähr für 270 fl. geworden) giebt ſein Hr. Schwager Rädelführer, der ſich für den Preis von 10000 fl. zur Tugend bekehrte, ein Grund — womit die Moraliſten am ſicherſten die Tugend überall und zu allen Zeiten etabliren könnten — die Bankonotenmacher gerichtlich an. Sie wurden eingezogen, examinirt, kondemnirt, gebrandmarkt und geprügelt.

Einer von dieſen Brüdern iſt verheurathet, und ſeine Frau geht eben ſchwanger!

Der Eindruck dieſer Exekution aufs Publikum war ganz außerordentlich.

Der Reſt empfindſamer Philoſophen, die uns noch aus den Zeiten der Göthiſchen und Wertheriſchen Empfindeleyen übrig geblieben ſind, behaupteten, während man den dreyen Miſſethätern Galgen und Rad auf beyde Backen brannte — unter vier Augen: daß Verſchärfung der Strafe um des gemeinnützigen Exempels willen eine offenbare Ungerechtigkeit ſowohl, als die

Stra=

Strafe — wenn sie ihren nothwendigen
und einzigen Endzweck, — die Besserung,
— verfehlt, grausam sey. Unten wird
gezeigt werden, in wiefern die Philoso=
phen recht haben. Der Adel, — das ist:
der auserlesene wahre Adel — — (denn
wir wissen ja schon, daß nicht alles, was
Ahnen hat, — deshalb schon auch edel
sey) der edle Adel also mit den mislichen
Umständen, der listigen Verführung der
schwarzischen Bekehrung oder schwageri=
schen Verrätherey, und der sonstigen Red=
lichkeit der Missethäter bekannt, machte ei=
ne beträchtliche Kollekte für die eben er=
wähnte schwangere Frau; und eine Dame,
der ich bereits zum Schluße meiner Refle=
xionen über den Adel einen Lorbeerkranz,—
so gut es das warme Herz eines unbedeu=
tenden Schriftstellers vermochte, darreich=
te; diese Mutter der Unglücklichen, deren
Herzensgüte manchem Heiligen an die
Seite gesetzt werden könnte, hatte nebst
einem ansehnlichen Beytrag zu der Kollek=
te, für die eben erwähnte schwangere Frau
lebenslängliche Pension gestiftet. Als der
gebrandmarkte Gatte im Kerker die Nach=
richt davon bekam, fiel er, seiner Schmer=
zen

zen uneingedenk, auf die Kniee nieder, und
rief unter tausend seine gebrandmarkten
Wangen herabrollenden Thränen : "Nun
so dank ich dir Gott, daß dieses Ueber-
maaß meiner Leiden doch wenigstens mein
Weib und ach! mein Kind, das ich viel=
leicht nie sehen werde, aus dem Elende,
und vor der Schmach errettete.„

Entweder hab ich eine ganz irrige
Meynung von dem ewigen Wesen, oder
diese segnenden Thränen eines Missethä=
ters müssen sich fruchtbarer an Segen für
die liebenswürdige Gräfinn ** beweisen:
als der Segen des Pabstes *) an den neu=

gie=

---

*) Man verstehe mich ja nicht unrecht! —
Ich will nicht den päbstlichen Segen verachten, ich will nur den Begriff ächter
Frömmigkeit, Andacht und Tugend näher
aus einander setzen, und sagen: daß der
Glaube und die Andächteley, ohne guten
Werken todt und fruchtlos sind; daß mit
vielen Unkosten dem päbstlichen Segen
nachreisen, nicht so verdienstlich sey, als
diese Reisenkosten zur Vertrocknung der
Thränen mancher Unglücklichen anwenden. Die oben angesetzte Parallele bey=

der

gierigen Wienern, die sich im Jahre 1782 bey jeder kreuzförmigen Bewegung seiner rechten Hand auf die Brust klopften: und wohl gar Leute aus vielen Provinzstädten dieses Klopfens wegen nach Wien reisten.

"Ich bin strafbar, sagte ein anders= mal dieser Bankonotenverfälscher, ich er= kenne die Milde des Regenten selbst an dieser so empfindlichen Züchtigung, aber ach Schwarz! — du bist neunmal schwarz!„

Aehnliche Ausbrüche eines guten Her= zens, aus einem Elende, in dem dieser Verfälscher schmachtete, von der List ei= nes Blutsfreundes verführt; — die Vor= aussetzung, daß diese Verbrecher vielleicht auch nicht einmal den Umfang ihres gro=
ßen

der Segen ist also weder Spott noch Scherz. Ich will nicht für einen zu or= thodoxen Schriftsteller gelten; viel weni= ger aber für einen Menschen, der bey der Vorstellung der Leiden seiner Mitmen= schen scherzen könnte. Jene Unorthodoxie zeigt allenfalls, — und dieß verzeihen mir allein die Dominikaner nicht, — vom verirrten Geiste — ein so unzeitiger Scherz aber vom bösen Herzen.

ßen Verbrechens eingesehen: Kurz, Reflexionen dieser Art verschaften den Delinquenten täglich neue Freunde im Publikum. Selbst die Pragerische Judenschaft soll eine ansehnliche Kollekte für sie gesammelt haben, davon ich aber nicht nähere Nachrichten einziehen konnte. An sich selbst ist wohl diese jüdische Großmuth schön — aber für die armen Sünder unausgiebig. — weil sie Zeitlebens bey 3 kr. täglicher Verpflegung eingesperrt werden, und also davon nimmermehr profitiren dürfen. Dieses Mitleiden der Juden könnte vielleicht dadurch einigermaßen erklärt werden — weil die Verbrechen von ähnlicher Gattung größtentheils ins jüdische Metier einschlagen.

Die Lehre, welche ich aus dieser Begebenheit den unbefangenen Seelen meiner Leser und Leserinnen zur Warnung herleiten will, ist leicht zu abstrahiren: und die Diskretion, zu welcher ein bescheidener Autor verpflichtet ist, überhebet mich der Mühe — einem aufgeklärteren und scharfsinnigen Publikum die Moral so deutlich und so breit vorzukäuen, daß sie ihm vollends zum Eckel werde.

Vor

Vor allen Dingen muß hier die Billigkeit der Strafe, denn das Murren dagegen war zu laut, — und dann die Billigkeit der Großmuth, womit sich unsere Noblesse auszeichnete, und wogegen kaltblütige Kriminalisten ihre Glossen machten, erwiesen werden.

Die Schriftsteller haben fast alle das Schicksal der armen Kapuziner. Diese können nichts gutes thun, aber andere gutes zu thun, auffordern, gegen das Böse losziehen, die Tugend liebenswürdig vorstellen, und die Spaltungen der Gemüther im Publikum beylegen, dieses vermögen sie, und dieß macht ihr Loos respektabel genug. Denn, wofern Ausbreitung guter Gesinnungen Einfluß auf gute Handlungen hat, so mag mancher arme Schriftsteller, dessen Gebeine vielleicht schon vermodert sind, mit der wohlthätigen Hand einer Lina *) mehr Almosen weislich und wohlangewandt ausgespendet haben, als er bey Lebzeiten Vermögen gehabt hat.

Es

---

*) Von dieser Dame ein andermal mein lieber Baron.

über Deutschland.

Es hat zu allen Zeiten und aller Orten, — wo auf Teufel und Hölle geglaubt wird, religiöse Philosophen gegeben, welche mit ziemlich gründlichen Gründen erwiesen haben, daß eine ewige Höllenpein der gänzlichen Seelenvernichtung als ein weit besseres Gut vorzuziehen sey. Die Todesstrafe als die härteste unter allen möglichen beruht beynahe auf den nehmlichen Beweisen. Der Missethäter, welcher im finstern Gefängnisse schmachtet, — ist wohl der Stralen der Sonne, aber nicht jener der Hoffnung gänzlich beraubt worden. Diese erheitern noch immer seine fesselfreye Seele, die jener Welt entgegen sieht, wo keine Ketten mehr geschmiedet werden, und zu welcher er sich mit jedem erbaulichen Gedanken vorbereitet. Diese Schwärmerey ist so süß, daß sie der ersten Vorstellung von einem ewigen Gefängnisse alle Bitterkeit nach und nach benimmt. Eine ähnliche Schwärmerey hat dem Diogenes seine Tonne zum Pallaste umgeschaffen, und dem hochberühmten Hiob unter dem Schutte seines zertrümmerten Glücks guten Muth gemacht. Dieser Zustand, der freylich nach Verschiedenheit der Grundsätze

sätze und der Temperamente verschieden ist, oft auch wohl Wahnwitz hervorbringet, ist dem gewaltsamen Tode, der alle Mittel der Hoffnung und des Trostes, alle Mittel der moralischen Vervollkommung, und besserer Vorbereitung zu dem künftigen Leben verschlingt, weit vorzuziehen.

Doch, wenn diese moralischen Beweise jene Wahrheit nicht gänzlich darthun, muß gegen die Todesstrafe zuerst noch, eh wir ganz und gar verlornes Spiel haben, erwogen werden, daß erstens eben die Gründe, womit der Selbstmord bestritten wird, und diese sind wichtiger als jene der Religionphilosophie, auch das jus gladii niederwerfen, und daß zweytens, — wenn auch die Sophistereyen — vom Rechte in der Nothwehre auf meines Feindes Leben u. d. m. Rechte, die dem Staate eingeräumet werden, im guten Ansehen eines ordentlichen Raisonnements erhalten werden könnten, man doch hinlänglich den politischen Schaden solcher Strafen erproben könne, — worauf es doch zuerst überall ankomme.

Die Erfahrung lehrt es, spricht ein witziger Teufel in Kranzens Gallerie, daß
gerade

gerade in den Ländern und Städten, wo die Gesetze selbst gegen die Menschlichkeit wüthen, die Laster und Bosheiten am besten prosperiren.

Das Auge gewöhnt sich an alles, und der große Haufe, welchem zur Warnung die schrecklichen Spektakel von den gräulichsten Martern und Hinrichtungen gegeben werden, spricht vom Hängen, Rädern, und lebendiger Verbrennung mit einer Delize, wie von einem Dejeune oder sonst von einer Lustbarkeit, die ihnen der Veränderung wegen gegeben wird.

In England und Frankreich ist das Aufhängen Mode. Man schickt sich in die Lebensart, der Delinquent ist mit diesen Scenen nicht neu, und er wundert sich kaum, wenn die Reihe an ihn kömmt.

Die Aufhebung der Geistlichen hat in Oesterreich mehr Lärm verursacht, als lebendige Verbrennungen; nun fährt man mit solchen Aufhebungen fort, ohne daß sich das Publikum weiter darum bekümmert: und die Orden selbst bereiten sich schon im voraus — einige mit andere ohne Gunst des Glücks dazu vor.

F 2   Ohne

84 Offenbahrungen

Ohne alle Gunst des Glücks hatten sich die von Amtswegen verschwiegenen fischartigen Karthäuser von Gitschin in Böhmen zu ihrer Auflösung und politischer Auferstehung vorbereitet. Sie beobachteten über ungefähr 70000 fl. ein mehr als karthäuserisches Silenzium, und Ihr Hr. Prälat sitzt bereits dieser Tugend der Verschwiegenheit wegen gefangen. Was mit ihm weiter geschehen wird, bis indessen aller theilnehmenden Karthäuser Verschwiegenheit gänzlich aufgelöst ist, werd ich Ihnen berichten. Dieser Prälat hat jedem Bruder 2000 fl. zugesteckt, sich aber selbst 21,000 fl. nebst anderen Präziosen vorbehalten. Ein Layenbruder verrieth sich mit einem alten Dukaten vor einem kritischen Landökonomiebeamten, und gestand, als man ihn weiter fragte, das übrige, wie er dazu gekommen, selber ein. Viele Geistliche halten dafür, daß der Schwur, den sie gethan haben, alle ihre Habseligkeiten anzuzeigen, aus dem Grunde ungültig sey, weil er ihnen vom Kaiser abgedrungen, und also nicht freywillig geleistet wurde.

Wenn wir, lieber Baron, die Summen hätten, welche unter dem Schutze dieser

ser Distinktion nach abgelegtem Eide alle stehende und liegende Güter ausgeliefert zu haben, durch geistliche Hände von der Religionskasse abgeleitet wurden, (denn, daß diese Spekulation die einzigen Kar=thäuser — die schon vermög der Regel nicht haben spekuliren dürfen, sollten ge=macht haben, ist ein Glaubensartikel, von solcher Art, daß dem gläubigsten Christen Zweifel dagegen aufstoßen müssen) — so dürften Sie um den Stand ihrer Güter — und ich um ein dauerhaftes Wohlleben we=nig mehr bekümmert seyn.

Also wie gesagt, die Geistlichen schreyen nicht mehr über die Todesstrafe ihrer Orden, sondern bereiten sich dazu vor. Man stiehlt währender blutigen Exe=kutionen gewöhnlich so viel das Zeug hält, und es müßte mit dem Teufel zugehen, wenn die solenne Hinrichtung eines Diebs seinen Kollegen keine Accidenzen einbräch=te. In Wälschland blüht der Meuchel=mord ungeacht der gräßlichsten Todesstrafe: und ungeacht, daß den Missethätern mit glühenden Zangen, eh sie hingerichtet werden, das Fleisch ausgezwackt wird. In Holland ist Geißel und Brandmark auf dem
Schaffot

Schaffot eine Kleinigkeit. Die Russen nahmen es übel, als Peter der Dritte sie um ihre von den Voreltern hergebrachte theure Kunst bringen, und ihre Bosheiten mit der Spießruthe züchtigen wollte: und österreichische Spitzbuben nehmen es übel, daß man sie nicht mehr am Leben strafen will. Sie finden es sehr ungerecht und grausam, lebenslänglich entweder mit Arrest oder gemeiner Arbeit inkommodirt zu werden.

Es hieß bey der Exekution der Bankozettelschmiede im Publikum: Ey da quälen sie die armen Leute! hätten sie sie doch köpfen lassen, da wär's mit einmal aus gewesen!

Aus diesen und ähnlichen Sentimenten erhellt nun deutlich, daß die Todesstrafe — mit der alles mit einmal aus ist! zur Ausrottung der Laster und Verminderung der Bösewichter nichts oder nicht viel beytragen könne: und, wenn durch Mörder ein Glied, von der Gesellschaft abgerissen ist, sie noch dazu ein zweytes und drittes abreisse, um, wie lächerlich! den Verlust des ersten zu ersetzen. Dieser Ersatz ist noch lächerlicher, wenn Diebe oder

andere

andere Verbrecher gehangen werden. Und der Nutzen davon? —

Etliche tausend Spionen des Polizeylieutenants in Paris, und das wöchentliche Aufknüpfen einiger Spitzbuben geben fürs Publikum nicht so viel Sicherheit als in dem volkreichen Wien und Berlin, wo es eine Rarität ist, jemand an Galgen zu sehen, die gemilderten Strafen.

Alle Stricke in London sind nicht hinreichend gewesen, die Magazine in Portsmuth für Mordbrenner, und die Minister des Königs von jeher für Ausgelassenheit des Pöbels sicher zu stellen.

Es ist ein allgemeiner in der Geschichte durchaus bewährter Grundsatz, daß die blutigste und grausamste Verfolgung zur Ausbreitung und Wachsthum des verfolgten Objekts am allerkräftigsten beytragen. Das ist auch leicht zu begreifen. Ungesittete Gesetze machen immer ein ungesittetes Volk, denn Menschen, welche so und noch ärger als Bestien behandelt werden, gewöhnen sich nach und nach an ihr Schicksal, und würdigen sich noch unter die unvernünftigen Bestien herab. Was Erziehung und Strafe im Kleinen ist, ist sie

auch)

auch im Großen. Eltern, welche ihren Kindern Gesinnungen und Grundsätze einflößen, haben nicht nöthig, sie, wenn ihre Handlungen die ihnen eingeflößten Grundsätze schänden, oder von ihnen abweichen, — mit Stöcken zu züchtigen. Es ist nun, um Anwendung von diesem Parabel zu machen, sehr sonderbar, daß die Kinder dem Vater seine Gelindigkeit übel nehmen.

Die Broschüren, welche in Oesterreich seit der erweiterten Preßfreyheit alle Städte überschwemmten, sollten das Publikum doch einigermaßen zum Wachsthume der Sitten vorbereitet haben. Es ist sonderbar, daß eben das Publikum, das bey mancher lebendigen Verbrennung und Radbrechung, (bey welcher Operation das Blutaufspritzen, und die Verzerrungen der Gesichtsmuskeln der in Flammen heulenden Missethäter — in dem Herzen der Barbaren selbst Widerwillen und Abscheu erwecken sollte,) ruhig zugesehen, nun bey 25 Stockschlägen und Backenbrennen, ein Zetergeschrey angestimmt, und über Grausamkeit geklagt hat. Diese Strafe, welche in Rücksicht dessen, daß es öffentlich
auf

auf einem Schaffot geschah, — für Leute von besserer Erziehung empfindlich seyn mußte, — war an und für sich selbst von wenig Bedeutung. Die großen Schmerzen der Brandmaale sind augenblicklich, und werden leicht wieder verheilt. Die 25 Prügel aber durch drey Tage von einem fein zugestutzten Monsieur, — reichen den Prügeln der darinn wohlgeübten Korporalen kaum Wasser. Die Vorstellung vom ewigen Gefängnisse, — und der Schande des öffentlichen Brandmarkens war für die Missethäter in dem ersten Augenblicke gewiß das empfindlichste; das einzige, — welches auf die Zuseher dieser politischen Tragödie einen so gewaltigen Eindruck machte. Dieser Eindruck, den kein Scheiterhaufe, Galgen oder Rad auf ein Volk, das die, durch einen Priester erleichterte Todesstrafe, diesen augenblicklich schmerzlichen Uebergang vom irdischen Leben ins himmlische Paradies, — in einer gewissen Entfernung von dieser Situation, — für nichts so schreckliches ansieht — sondern recht andächtig dem armen Sünder in dem Augenblicke des Sterbens mit Vaterunsern und Ave! forthilft, dieser

ser Eindruck sage ich, den keine Art von Todesstrafen auf unser Volk gemacht hätte, bleibt gewiß als ein kräftiger Bewegungsgrund zu guten Entschließungen in ihrer Seele liegen: und die Strafe hat also, wenn nicht gleich bey den gestraften Individuen — doch gewiß in der Gesellschaft Besserung und Nutzen gestiftet, weil sie die Beweggründe zu guten Entschließungen in den Herzen des Volks vermehrt hat. Nicht jedes Verbrechen ist von dieser Art, daß die Strafe auf Besserung des Verbrechers abzielen kann. Durch Hängen wird der Gehenkte nicht gebessert, — und durch ein ewiges Gefängniß werden dem Delinquenten alle Mittel zu seiner künftigen Besserung freylich wohl benommen. Allein, darf der Regent, nachdem er die Bankonotenverfälscher abgestraft, sie auf freyen Fuß setzen, damit sie Gelegenheit hätten, sich zu bessern? — Würde man dabey nicht den öffentlichen Kredit des Staats und die ganze Bankokasse aufs Spiel setzen? Was Philosophen spinnen: was Plato in seiner Republik etablirt, kann weder in Oesterreich noch in der Türkey eingeführt werden.

Wenn

Wenn ehrliche Leute, da doch der primitive Stand der Menschen nach Rousseauischen Grillen nicht leicht gedenkbar ist, für das Wohl des Staats in Kriegszeiten zu Tausenden sterben müssen; warum sollten in Friedenszeiten für das Wohl des Staats — Spitzbuben nicht geprügelt werden dürfen?

Oeffentliches Prügeln und Brandmarken ist eine gelinde Strafe für Bankonotenverfälscher: und ewiges Gefängniß derselben nur eine nöthige Vorsicht des Staats.

Allein wenn diese Strafe gelinde und gerecht ist, warum macht man ansehnliche Kollekten für das Weib eines Spitzbubens? Heißt das nicht das Urtheil des Richters verhöhnen, und das Laster zur fernern Thätigkeit aufmuntern? dieses wird mir vielleicht irgendwo ein kaltblütiger Kriminalist, dem ich oben dießfalls meine Gedanken zu eröffnen versprochen habe, einwenden.

Es wird schwer halten, diesen Mann auf bessere Gedanken zu leiten; Er ist verschanzt mit juridischen Spitzfindigkeiten; negirt und distinguirt, daß ihm der Schweiß

in

in großen Tropfen über die gelben und ausgehöhlten Backen herabläuft; man hat kein anderes Mittel ihn zu gewinnen — als ihn verwirrt zu machen. Denn es ist unmöglich da den Verstand oder das Herz zu überzeugen, — wo von beyden diesen Dingen auch die Spur nicht einmal vorhanden ist.

Und ich sollt'es, solch einen Mann zu gewinnen, der Mühe werth achten? — Nein, ich habe hier nur die Zweifel eifriger Patrioten, — ob diese Wohlthätigkeit auch recht angewandt sey? zu heben; und dieß däucht mich, ist leicht möglich.

Wenn das Elend der Menschen Ansprüche auf thätiges Wohlwollen der Reichen machen darf, die durch eigene Schuld von den höheren Stuffen des Glücks herabsanken, — so sind die Ansprüche derjenigen in den Rechten der Menschlichkeit noch weit gegründeter, welche unverdientermaßen ein Verbrechen des anderen mit ins Verderben reißt. Ein verschwenderischer Wollüstling, der vormals beym Zulächeln des Geschicks aller Menschen Augen auf sich zog, und — Neid im Busen der Aermeren erweckte, — erweckt nun, wenn die Folgen der

Ver=

Verschwendung und des übermässigen Ge=
nußes der Wollust ihn ausgezehrt und zer=
lumpt haben — in dem Busen seiner Nei=
der, Mitleiden, Wohlthätigkeit und sa=
lomonisch = moralische Gedanken — wie ei=
tel alles sey! u. s. w. Wenn aber ein
schwangeres Weib, die von ihrem Gatten
Unterstützung und lebenslänglichen Unter=
halt erwartete, — vor uns erscheint, die
durch sein Verbrechen ohne ihr Wissen und
Willen vor aller Menschen Augen mora=
lisch gebrandmarkt wurde; — die mit den
Vortheilen einer ordentlichen Ehe zugleich
die Vortheile der Gesellschaft verlohr, —
weil die Menschen, man predige gegen
dieses Vorurtheil was man wolle, durchge=
hends die nahen Anverwandten gestrafter
Missethäter — scheuen, und ihrem Umgange
ausbeugen; welche von einem guten Karak=
ter ihres Gemahls überzeugt, der, wie's leicht
möglich ist, einer mächtigen Versuchung,
und der blutfreundschaftlichen List unter=
lag; so unglücklich Er sie gemacht — noch
immer ihr Mitleiden fordert; eine Frau,
welche unter ihrem Herzen ein Kind trägt,
dem der verführte Vater seine Brand=
maale vererbte: ein Kind, dem es ewig

Durch

durch Worte oder Minen vorgeworfen werden wird, — daß sein Vater auf dem Schaffot mit Galgen und Rad gebrandmarkt wurde; — welchen Vorwurf, weder seine Geschicklichkeit noch seine Tugend gänzlich tilgen werden; dem Sie als Mutter, in gewissen Augenblicken wünschen muß — — nie das Taglicht, nie die Minen des unverdienten Vorwurfs zu sehen! wenn diese Mutter vor uns erscheint, und ihre thränenden Augen empor zu heben fürchtet, — um nicht den Blicken, der Verachtung ihrer Mitmenschen zu begegnen — welches Herz, das jenseits einen Richter zu finden hofft, — wird gleichgültig bey diesem Anblick bleiben? Welches Herz wird nicht gerührt werden, wenn eine Dame von dem in aller Rücksicht ersten Adel dieser Niedergetretenen entgegen eilet, — den Unterhalt für den Rest ihrer Tage sichert, und ihre Thränen mit den Ihrigen vermischt? Wenn dann Thränen des Danks die Brandmaale des verführten Vaters herabrollen, dessen Herz, von der edelsten Wohlthätigkeit erfrischt — im tiefsten und nie zu

ver=

vergehenden Elende, sich noch glücklich preist? — —

Tretet nun herbey kaltblütige Kriminalisten, demonstrirt der Menschheit, wenn ihr könnt, — daß Kind und Weib Erben einer Strafe seyn sollen, welche der Hausvater allein verdiente: denn dieses müßt ihr uns darthun, wenn ihr die Wohlthätigkeit, von welcher hier gesprochen wird, für übel angewandt, und lasterpflegend erweisen wollt.

Die Strafe also war milde, gerecht und weise; und die Wohlthätigkeit des Adels verehrungs- und nachahmungswerth.

Neues weis ich für dießmal nichts, außer, daß, zu Wien wie man hört, die ehrwürdigen nackten Väter des heil. Franz, die ohne tödtlich zu sündigen, kein Geld berühren dürfen, 9000 Stück wohlgeründete Dukaten — auf die Seite geräumt und also dem Staate gestohlen haben.

Leben Sie wohl, lieber Baron!

Ich bin

Ihr Freund **.

N. S.

Sie werden doch, wenn ich mich auch nicht unterschreibe, — als ein guter Bekannter meinen Styl, und als mein Freund — mich selbst an den Grundsätzen erkennen?

Grüßen Sie unseren deutschen Swift von mir, und wenn sie nach Düsseldorf wieder kommen, — den Rheinwein!

An den Verfasser der Berlinischen Korrespondenz.

Mein lieber Herr Kriegsrath!

Sie haben in Ihrem 22ten Briefe eine Apollogie unsers Monarchens abdrucken laffen, die, auf falsche Data und Grundsätze gebaut, in den Augen dessen, der von der ganzen Sache näher unterrichtet ist, eher ein satyrisch = als ein apologsches Ansehen erhält. Ich bin verpflichtet, beydes zu berichtigen, und Sie werden, ich kenne die Verehrung, mit der Sie unserm Monarchen zugethan sind, mir es Dank wissen.

Sie schreiben: "Die Nachricht, welche selbst durch die hiesigen Zeitungen verbreitet worden ist, daß der große, weise, und erleuchtete Kaiser, Joseph II, die in Böhmen ausgefindigte Abrahamiten oder Deisten, aus ihrem bisherigen Wohnorten vertriebe, um solche nach der türkischen Gränze zu exiliren, damit, nach dem angeblichen Kanzleystyl, diese Leute den Fluch, den ihre verdammliche Lehre verdiente,

diente, schon auf Erden fühlen mögten; diese Josephens Weisheit ganz unwürdige Nachricht, soll einem erhaltenen mir merkwürdigen Briefe eben so ungegründet seyn, als jene, da man den guten Einwohnern in Breslau Schuld gab, daß sie durch den Anblick eines Mondenschweifes, und durch das gewohnte Phänomen eines Nordlichts, in Furcht und Schrecken wären gesetzt worden.

Der Inhalt dieses Schreibens, ist es werth, daß ich ihn auszugsweise meinen Lesern mittheile.

Die sogenannten Abrahamiten oder Deisten heißt es, bekennen sich zwar zu keiner der itzt bekannten Kirchen, aber sie glauben an Gott, der alles gemacht hat, nehmen eine Versehung an, und setzen ihr Vertrauen auf Gottes allweise Regierung, ohne welcher nichts in der Welt geschehen, und dem Menschen kein Haar von seinem Haupte fallen, oder von anderen Menschen einmal gekrümmt werden könnte: sie sagen, daß man Gott durch nichts dienen dörfte, als durch Zufriedenheit mit dem was Er giebt, durch Rechtschaffenheit im Leben, und treue Beobachtung

über Deutschland.

tung seiner Pflichten, daß der Mensch in diesem Leben seine Schuldigkeit thun müsse, für die Zukunft könne er ruhig Gott sorgen lassen, der schon wissen würde, was er mit seinen Geschöpfen weiter zu thun hätte, und was er aus ihnen in der fortdauernden Welt machen würde. Nach diesen ihren Grundsätzen hätten die sogenannten Abrahamiten als gute, ruhige und fleißige Unterthanen beständig gelebt, ohne Aufsehen zu machen. Priester hätten Sie nie gehabt, daher Religionsstreitigkeiten auch nie unter ihnen entstehen können, und da sie selbst ohne Kirchen wären, so hätte man ihre Religion ohne alle Ceremonien nicht einmal wahrgenommen, bis auf den Zeitpunkt, da der Kaiser seine Toleranzedikte bekannt gemacht, und Befehl gegeben hätte, daß zwar ein jeder völlige Glaubensfreyheit genießen, aber sich auch erklären sollte, zu welcher von den tolerirten Religionen ein jeder gehörte. Da nun hätte man diese Deisten erst wahrgenommen, weil sie sich zu keiner Kirche bekennen wollten, und sich erklärt hätten, daß Gott überall, und sein Tempel die Welt, und eines jeden Menschen

eige-

eigenes Herz sey, worinn der höchste Schöpfer verehrt werden müsse, ohne daß es steinerner Gebäude, kostbarer Altäre und Ceremoniendienstes bedürfe.

Es sey wahr, heißt es in diesem Briefe, daß selbst vornehme Geistliche und der Geistlichkeit zugethane Personen, sehr daran gearbeitet hätten, daß der Kaiser diese Leute als bloße Heiden nicht dulden müsse, daß er als Landesvater nicht zugeben könne, daß ein Theil seiner Unterthanen, so den geraden Weg zur Verdammniß nehme, ohne der einen oder der andern Kirchenparthey zugethan zu seyn, und mit zum Unterhalt derer zu kontribuiren, die von den autorisirten und tolerirten Altären leben müßten. Es sey eine unwidersprechliche Staatsmaxime, daß alle Landeslasten von allen Unterthanen mit gleichen Schultern müßten getragen werden, und nicht gestattet werden könne, daß ein Theil sich ganz frey machte. Dieß wäre aber der Fall mit und bey den Deisten.

Alle übrige Religionsverwandten trügen wenigstens das Ihrige bey, die Priester zu ernähren; die Deisten hingegen

gen hätten das verdammliche Principium
nichts zur Besoldung der Geistlichkeit her=
zugeben, und wollten also wohlfeileren
Kaufs wegkommen als alle übrige Unter=
thanen der österreichischen Staaten, wel=
ches doch eine Ungleichheit gäbe, die auf
keine Weise gelitten werden könnte. Au=
ßerdem wurde von der Klerisey und deren
Protektoren verneynet, daß Se. kais. Ma=
jestät zwar eine freye Religionsübung er=
laubten, daß derjenige aber keine Reli=
gion habe, der sich zu keiner Kirche be=
kennte, da es auf Kirche und Geist=
lichkeit bey aller Religion doch am mei=
sten und ganz besonders ankäme. Ohne
Zustimmung zu irgend einer Kirche, und
pflichtmäßige Subordination unter dem ei=
nen oder andern Gewissensführer fände al=
so gar keine Religion Statt, und mehr
beregte Deisten, die keine Kirche und kei=
ne Priester hätten, die sich unterstünden
so sans façon und unmittelbar selbst mit
unserm Herrn Gott eine Glaubenseinrich=
tung zu treffen, wären also schlechterdings
ohne alle Religion, mithin unfähig an
den Wohlthaten des Toleranzedikts Theil
zu nehmen, um so mehr, da die Gewis=
sens=

sensfreyheit nicht darinn gesetzt werden
könnte, zu glauben, was man wolle, und
nach Maaßgabe seines eigenen Gewissens
Gott zu dienen, sondern die Gewissensfreyheit bestehe bloß darinn, daß man sich
von etablirten und tolerirten Gewissens-
führern wählen könne, welchen man wolle — einen Rabbi, einen Prälaten oder
einen von den beyden protestantischen im
H. R. Reich zugelassenen Religionsführern
— und wäre dieses Freyheit satt und über-
flüssig unter 4 offen gelassenen Wegen wählen zu dürfen, um entweder nach den
Grundsätzen der römischen Kirche auf dem
allein seligmachenden Glauben der katholischen Religion zum Himmel, oder mit
den ungläubigen Juden, und den von der
Mutterkirche abgefallenen Protestanten zur
Hölle zu wandern; aber eine so ganz un-
begränzte Gewissensfreyheit zu prätendi-
ren, und auch als Deist oder Heide (als
welches immer auf eines hinausliefe) zur
Verdammniß eilen zu wollen, als wozu die
neu eingeführte Toleranz drey ganz un-
fehlbare Wege offen gelassen habe, das
wäre zuviel prätendirt, und aus dem allen folge unwidersprechlich, daß die vor-
be=

beschriebenen Abrahamiten mit ihrer gottlosen Religion, welche ohne Gewissensführer so ganz solo zur Hölle wandern wollten, in den inneren Staaten Oesterreichs nicht gebuldet werden könnten, sondern, falls sie nicht einen erlaubten oder tolerirten Weg entweder zur Seligkeit oder zur Verdammniß wählen wollten, den äußersten Gränzen zugeschickt werden müßten, wo es ihnen nur in der nächsten Nachbarschaft der Türken, nicht aber aus dem Herzen österreichischen Staaten gestattet werden könnte, — zum Teufel zu fahren. Ein christlicher Kaiser müsse König und Priester zu gleicher Zeit seyn; müsse nicht nur das zeitliche Wohl seiner Staaten besorgen, sondern auch für das ewige Wohl seiner Unterthanen Bedacht nehmen, und müsse folglich die freye Wahl ihres künftigen Schicksals an die Vorrechte und Freyheiten des Staats binden; und könne letztere keinem angedeihen lassen, der nicht sein ewiges Seelenwohl oder Wehe auf eine den Statuten der Landesreligionen angemessene Weise berichtigen und festsetzen wolle.

So wurde wirklich von einer wichtigen Parthey in Wien räsonnirt, als man die Sache wegen Duldung oder Vertreibung der Abrahamiten in Erwägung zog. Dieser aber setzte sich eine andere Parthey entgegen, und gab ihr eben so unchristliches als unjüdisches Urtheil folgender Gestalt ab:

"Aus obigem jesuitischen Raisonnement sähe man zwar, daß die Sophisterehen der Jesuiten noch nicht ausgestorben wären, daß aber der Geist dieses Ordens selbst sehr merklich gelitten habe, weil man zwar noch wirklich Sophistereyen mache, aber solche so platt und auffallend widerspruchsvoll geriethen, daß ein Jesuit in den vorigen Zeiten, da dieser rechts und links machende Orden noch in seiner Kraft bestanden hätte, sich deren geschämt haben müsse. Man könne aus den kirchlichen Religionspartheyen keine Kontributionskomptoire für Geistliche und Priester nothwendigerweise machen; die erlaubten Kirchen wären keine Monopolien, wie das, welches die Konsumtion des Salzes regulirte, und nach welchem jedem Unterthan zugemessen würde, wie viel Salz er für sich und für seine Familie — Rinder und Schafe schlechterdings nehmen müsse, um

diese

diese allen übrigen Unterthanen mit gleichen Schultern tragen zu müssen, das würde eben so herauskommen, als wenn man verlangen wollte, daß jeder Unterthan, um keine Ungleichheit in Tragung der Lasten zu gestatten, sich schlechterdings erklären müßte: ob er Toback rauchen oder schnupfen wollte; da der Toback ein Regale sey, zu welchem ein jeder kontribuiren müßte, und sich keiner davon ganz freysprechen, keiner sagen dürfte, daß er gar keinen brauchen wolle.

Die Priester der Gerechtigkeit, welche die Justiz administrirten, würden auch von den Unterthanen unterhalten, welche ihre Prozeßgebühren zur Sportelkasse bezahlen müßten, aus welchen die Reichs- und Hofräthe bey den Justizkollegien ihre Gehälter empfiengen, aber es stünde ja bey alledem jedem frey, ob er Prozesse führen, oder sich außergerichtlich in der Güte vergleichen wolle. Und wenn der letzte Fall allgemein wäre, und gar keine Prozesse mehr geführt würden, so müßte freylich die Sportelkasse bankerut werden, aber das Unglück wäre so groß nicht, weil die Justizbediente abkommen könnten, so=
bald

bald keiner mehr der rechtlichen Hilfe bedürfte. Was nun ferner die Beyträge der Unterthanen zu der einen oder andern Kirche beträfe; so wäre das eine ganz freywillige Abgabe — wie die zum Tobacksregale und der Sportelkasse. Kirchen- und Priesterstand wären Wegweiser, Anstalten zum Himmel, wenn man sich zur rechtgläubigen römisch-katholischen Kirche bekennte, und zur Hölle — wenn man zu den tolerirten Ketzergemeinden oder zu den ungläubigen Juden gehörte. Aber es wären keine Wegweisermonopolien, und wer sich getraute den Weg zum Himmel oder — wenns ihm beliebte zur Hölle allein zu finden, könnte auf seine Gefahr das Führerlohn ersparen.

Irrende könne man belehren, in Sachen, welche das Schicksal nach dem Tode beträfe, aber man hätte kein Recht durch irdische Vortheile oder Ausschließung von Vorrechten des Staats die Leute zu zwingen, entweder den rechten Glauben anzunehmen, oder sich zu einer von den falschen im Staat konzessionirten Religionen zu bekennen.

Das

Das äußere Bekenntniß mache die Religion nicht aus; es gäbe in allen Staaten besonders unter den Großen, und selbst an der Quelle der römischen Religion unter Kardinälen und Prälaten praktische Atheisten die Menge, welche sich um Gott gar nicht bekümmerten, und unter dem Mantel der Religion alle Religion verachteten, und mit Füssen träten, die gerade dadurch, die gefährlichsten Menschen im Staate wären, und davon nähme die Regierung keine Notiz: es sey also nicht abzusehen, warum man die Abrahamiten oder Deisten nicht dulden wollte, die Gott anbeteten, und den Kaiser ehrten; dabey aber ohne sich zur Synagoge oder zu einer christlichen Kirche zu bekennen, in Beobachtung ihrer Pflichten dieselbe Vorschriften hätten, welche Moses und nachher Christus gegeben hätten. Da besonders die Juden geduldet würden, so könnte man auch diese Deisten dulden, beyde könnten sich der ältesten Religion in der Welt rühmen, und beyde wären Deisten, die ersten mit Beschneidung, und die anderen ohne Beschneidung. Auf ein bischen Vorhaut mehr oder weniger — könne es

in

in einem wohlgeordneten Staate unmöglich ankommen. Die Gewissensfreyheit, nach welcher man unter drey, vier oder mehreren priesterlichen Leitbändern einen wählen könnte, wäre nicht weit her. In Absicht des Glaubens müßte jeder die Freyheit haben, ohne Leitband zu gehen, — darinn müßte keines Gewissen einem verordneten Führer nothwendig unterworfen seyn, in Absicht bürgerlicher Pflichten aber, wäre jeder den Landesgesetzen unterworfen, die Polizey müßte dahin sehen, daß jeder seine Schuldigkeit thäte, und in einem militärischen Staate hätte die in jedem Fall unterstützte Polizey eine leichte Arbeit, Zucht und Ordnung unter den Unterthanen zu erhalten. Es würde dabey die größte Intoleranz seyn, wenn man die Abrahamiten, welche bewährte gute Staatsbürger wären, und deren stille Gottesverehrung vor den Toleranzedikten, niemand bemerkt hätte, gerade durch diese Toleranzverordnungen in den Fall gesetzt werden sollte, sich entweder dem Kirchenzwange zu unterwerfen, oder ihre Wohnungen zu verlassen, und der übrigen freyen Bürger- und Unterthanen Rechte verlustig zu werden. Der

Der Kaiser soll diesem Schreiben zufolge erklärt haben: Er sey Regent, und verlange nur gute Unterthanen, deren Meynungen in Religionssachen ihm übrigens sehr gleichgültig wären. Als Kaiser und Haupt der deutschen Staaten sey Er an den Verabredungen des westphälischen Friedens gebunden, welche nur die öffentliche freye Religionsübung und Kirchen für die drey hauptchristlichen Partheyen und Duldung der Synagoge verstatten.

Oeffentliche Kirchen also könne er anderen Sekten in den deutschen Staaten nicht erlauben; wohl aber einem jeden seinen besondern Glauben lassen, und offene stille Andachtshäuser, wo es nicht auf verdächtige Konventikeln abgesehen wäre, allen verstatten, die auf ihre eigene Weise Gott ehrten. Er sey nicht Kaiser, um die Kirchenmacht und Priestergewalt zu autorisiren, die Gewissen seiner Unterthanen, mehr einzuschränken, als Gott sie einschränkte, sondern seine Staaten auch durch Geistes- und Glaubensfreyheit glücklich zu machen.„

Bis hieher. Außerdem, daß diese erdichtete Resoluzion des Kaisers publizistisch nicht richtig ist, ist auch das ganze Faktum falsch, und der Karakter der sogenannten Abrahamiten aus der erhitzten Einbildungskraft eines Naturalisten oder Deisten geschöpft — um in dem Gegensatze des wahren Faktums — daß nämlich wirklich die Abrahamiten vertrieben wurden, desto mehr Schatten auf die dießfällige Handlung unseres Landesvaters zu werfen.

Ich will die Sache näher beleuchten, und dem Ausland richtige Begriffe davon beybringen: damit ihm nicht unser Monarch, aus falschem Gesichtspunkte dargestellt, in einem minder vortheilhaften Lichte erscheine: wozu ich nicht allein als sein Vasal, sondern insbesondere auch als ein redlicher Freund der Wahrheit verpflichtet bin.

Die Apologie und Vertheidigung der vertriebenen Abrahamiten gründet sich erstens auf das natürliche Recht aller Menschen — Gewissensfreyheit im weitesten Verstande zu genießen; dann auf den geschichtsmäßigen Bericht, — daß diese Deisten, die gereinigte natürliche Religion ausübten, welche aller Sekten, die unsere Duldung verdienen wollen, Grundlage
seyn

seyn muß. Ehe ich die historische Wahrheit jenes Faktums untersuche und bestimme, will ich vorläufig zu Gunsten derjenigen Leser, die von der Gewissensfreyheit nicht eben die richtigsten Begriffe haben dürften, folgende Erläuterung über diesen Punkt geben.

Es ist eines von den unveräußerlichen Rechten der Menschheit zu verlangen, daß ihm seine Gewissensfreyheit ungekränkt gelassen werde. D. h. (nach Schulzens Erklärung) daß man durch keine Zwangsmittel versuchen solle, bey ihm die Unmöglichkeit zu besiegen: daß er etwas wider seine Ueberzeugung für wahr halten solle: anderen Theils, daß man auch da, wo keine Rechte anderer Menschen und der Gesellschaft ihm im Wege stehen, seine äußerliche Freyheit zu handeln nicht einschränken, oder ihn durch Gewalt zwingen solle, seine Glückseligkeit auf einem andern Wege zu suchen, als den er selbst für den rechten und besten hält: und folglich wider seine Ueberzeugung handeln zu sollen.

Sobald es keinem Zweifel unterworfen ist, daß ein jeder Mensch seine eigene
Per=

Persönlichkeit, seinen eigenen Kopf, seinen eigenen Verstand, seine eigene Erkenntniß und Begehrungskräfte habe; so folgt auch unwidersprechlich: daß er ein heiliges und unveränderliches Recht habe: für sich selbst zu urtheilen, und sich selbst zu bestimmen. Und sobald es gewiß ist, daß ich dem Verstande des andern auf keine andere Art beykommen, und ihn zur Bestimmung meiner Meynung bringen kann, als daß ich ihm die zu erkennende Wahrheit in den gehörigen Gesichtspunkt stelle, aus welchem er sie selbst sehen kann und muß; daß ich seiner Vernunft so auf die Spur helfe, und es versuche, ob er selbst durch eigenes Nachdenken die Wahrheiten in ihrer Verbindung fassen und erkennen könne? sobald ist ein jeder äußerlicher gewaltsamer Zwang, wodurch ich das innere Urtheil der Vernunft des andern zu erzwingen versuche, unnütz, widerrechtlich, widernatürlich, unvernünftig, gewaltig und grausam. Der Mensch ist in keinem Stücke so frey, so ganz unabhängig von aller möglich äußerlichen Gerichtsbarkeit anderer Menschen, so fühllos gegen alle Zwangsmittel, so gesichert selbst wider alle

alle Gewaltthätigkeit, die ihm hierinn wahrhaftig angethan, und wodurch seine Stimmung wirklich verändert werden könnte, als von der Seite seiner Vernunft, und der unmittelbaren Urtheile derselben. Meine Freyheit zu handeln kann von außen eingeschränkt werden; meine Glieder und Kräfte kann man in Beschlag nehmen, und mich in meinen äußerlichen Handlungen zwingen und stimmen, wie man will. Aber über meine Vernunft kann keine Gewalt gebieten, oder ihr ein anderes inneres Urtheil abzwingen, als sie freywillig fällt, oder fällen kann. Niemand kann ihr etwas als eine Wahrheit aufdringen, die sie nicht selbst dafür halten kann, nicht selbst dafür erkennt, und freywillig aufnimmt. So wie es hingegen wieder in keines Menschen Macht und Freyheit steht, sich die Wahrheit, die seine Vernunft dafür erkennt, ableugnen, und seiner gegenwärtigen Ueberzeugung davon zu trotz sich überreden zu können, daß sie Unwahrheit sey.

Die Vernunft als der vornehmste Theil unserer Lebenskraft ist über allen eigenen und fremden Zwang erhaben.

Ey, ey, ey!!! würde wayland Herr Sancho Pansa, dessen Urtheile, im Vorbeygehn gesagt, fast immer kurz und zieltreffend sind, ausrufen, was die Herren Philosophen doch für eine breite Vernunft haben! — In was für Strickrocke, und langem Schleppe sie ihre Wahrheit erscheinen lassen, — die, so aufgeputzt, sich, gleich den stolzen Hofdamen, vom gemeinen Manne entfernt, — dem sie nicht nacket genug dargestellt werden kann. Der ganze Schwall metaphysischer Worte — womit mein Trommelfell bis hieher erschüttert wurde, sagt wahrhaftig nicht mehr, wo nicht gar weniger, als, was schon längst das uralte Sprichwort, daß die Gedanken zollfrey sind, klar, deutlich und unwidersprechlich gemacht hat. Wenn nun die Gedanken der Menschen zollfrey sind, so ist es sehr lächerlich vom Herrn Peter aus dem Mährchen von der Tonne, daß er seine zween Brüder peitschen, und mit Füssen treten will, — weil sie, was er durchaus verlangt, nicht glauben wollten, daß ein Stück trocknen Brods, welches

ches er ihnen vorsetzt, wahrhafter Kalbs=
braten sey. Lieber Bruder, erwiedern sie,
magst du doch so bös seyn, als du willst
—— wir können doch nicht glauben, daß
dieses Stück Brod — ein wahrhaftiger
Kalbsbraten sey; Ihr Hunde! wollt ihr
oder nicht? — Glaubt, daß dieses mein
Brod Kalbsbraten sey, sag ich euch zum
letztenmal, oder ich haue euch zu tausend
Stücken! — Nun, wirds? — Da nun
aber die Brüder Peters durchaus nicht
glauben wollten, daß Brod Kalbsbraten
sey; schritt Peter zur Operation, und be=
gann, diesen ungläubigen Brüdern die
Ueberzeugung und den wahren Glauben
einzuprügeln. Er ließ nicht eher nach, bis
seine Brüder das freywillige Bekenntniß
ihres Glaubens ablegten, indem sie sag=
ten: ja, es ist wahr: Brod ist Kalbs=
braten und Kalbsbraten ist Brod. Das
Gegentheil durften Sie, ohne geprügelt
zu werden, nicht behaupten.

Waren nun diese Brüder überzeugt?
— War es nicht widersinnisch und grau=
sam vom Herrn Peter, sie a posteriori zu
zwingen, gewisse Dinge a priori zu be=
greifen — die an und für sich selbst un=

begreiflich sind? Es ist ausgemacht, daß die ungläubigen Brüder in ihren Herzen das Brod Peters nicht für Kalbsbraten halten; — sie heucheln seit dieser Zeit nur, und sagen nicht was sie denken.

So gehts mit den verborgenen Israeliten in Portugall und Spanien; sie bekennen äußerlich, daß der erwartete Messias bereits gekommen sey; innerlich sind sie vom Gegentheile überzeugt. So giengs mit den jesuitischen Missionarien in Peru und China; äußerlich verehrten Sie den Foe (Xxxα), innerlich den gekreuzigten Heiland. So gehts heutigen Tags bey uns. Es machen wider ihre eigene Ueberzeugung tausend Menschen verschiedene Ceremonien mit, — weil sie sonst, wenn sie ihre bessere Ueberzeugung laut werden ließen, Gefahr liefen, auf Petrische Art zum Gegentheile bekehrt zu werden: und ehe sich die Menschen prügeln lassen, halten Sie wohl lieber Kommißbrod für Kalbs = und Schweinebraten, aber sie sterben gewiß mit der Ueberzeugung vom Gegentheile.

Sind nun die Herren Missionärs, welche sich zum Behuf ihrer Ueberredungs=

kunst,

kunſt, ſpitziger Dolche und geladener Piſtolen bedienen, um ſie dem Ungläubigen auf die Bruſt zu ſetzen, nicht wahre Donquixotte, welche mit Feldmühlen kämpfen?

Die Gedanken alſo ſind zollfrey: es kann jeder glauben, was er will, weil ihn, daß er es nicht glaube, kein Sterblicher zwingen kann. Der Chriſt iſt in Konſtantinopel deshalb lange noch nicht ein ächter Muſelmann, — weil er den Turban aufſetzt; und alle Macht des Großſultans kann ihn, vom Gegentheile deſſen, was er einmal für wahr erkennt, nicht überzeugen: allein der Großſultan kann verlangen, daß ſeine Handlungen mit denen der übrigen Unterthanen übereinſtimmen; daß ſein äußerliches Betragen den Landesgeſetzen nicht zuwider ſey, und wenn er auch die herrſchenden Meynungen der dortigen Moſcheen nicht für wahr erkennt, er doch nicht ihre Wahrheit öffentlich beſtreite: denn ſonſt, wenn ſeine beſſere Ueberzeugung, ſeine beſſere Wahrheit (denn nichts iſt wahr eigentlich — und alles) die Ruhe derjenigen kränkt, die mit ihrer ſchlechteren Wahrheit, auf welcher das ganze politiſche Gebäude ruht, —

noch

noch immer glücklich gewesen sind, so kann es dem Sultan niemand verdenken, wenn er Janitscharen und Bonzen über ihn schickt, damit sie ihn mit Hilfe der erstern von der hierländischen Wahrheit überzeugen.

Ist die Polizey so gut bestellt, daß der Fanatismus auf keinen Fall etwas zu besorgen übrig ließe, dann kann es dem Sultan gleichgültig seyn, ob man eine bessere Wahrheit einschwärzet, und seine Bonzen sich darüber dem Teufel ergeben. Dann machet das Recht der Menschheit — ihren Geist zu vervollkommen, dem Sultan jene Gleichgültigkeit zur Pflicht. Jedoch, es ist klüger noch, wenn der Sultan die Reform, wenn Er das Wachsthum der Seelen vorbereitet, wenn die bessere Wahrheit sich aus der schlechtern wie von selbst entwickelt; — wenn erst die Bonzen, diese akreditirten Dollmetscher zwischen dem Himmel und dem gemeinen Mann — ohne Nachtheil ihres bequemen Wohllebens — vernünftige Grundsätze annehmen und verbreiten dürfen: wenn Peter selbst die Peitsche aus der Hand wirft, und bekennt, daß sein Brod nichts mehr sey und nichts weniger als Brod, und wenn

end=

endlich dieses sein Bekenntniß in der politischen Einrichtung keine fieberhaften Zufälle veranlasset. Letzteres sollte nun freylich in keinem Staat zu besorgen seyn. Nirgend soll das ewige Heil die Unterthanen zu einer politischen Pflicht verbinden, und nirgend ein Mensch — um eines Geheimnisses willen zu etwas gezwungen werden. Als ich nun eben zur Untersuchung der von dem Verfasser der Berlinischen Korrespondenz genützten Charakteristick der Deisten oder Abrahamiten und Israeliten schreiten wollen, erschien das siebenzehnte Heft Schlözerischer Staatsanzeigen, darinn ein junger sogenannt aufgeklärter evangelischer Geistlicher aus der Gegend der Abrahamiten ungefähr folgendes einrücken ließ: "Diese Abrahamiten waren von der Pardubitzer Herrschaft Chrudimer Kreises. Die Anzahl der Vertriebenen sammt Weib und erwachsenen Kindern (denn die Unmündigen hatte man ihnen bereits weggenommen) beläuft sich, auf 119 Personen. Aber noch sollen sich wie sie mir selbst sagten, viele andere hier aufhalten, die sich scheuen ihre Religion mit gleicher Freymüthigkeit zu bekennen, und nun, wie vorher im Verborgenen glauben, was sie wollen.

Stille Gelassenheit und Mélancholey charakterisirt diese guten Unglücklichen am meisten.

Jeder fürchtete sich anfänglich, wenn er von uns angeredet wurde, endlich wurden sie freyer.

Sie haben sich nie einen gewissen Namen beygelegt; seit sie aber der Bischof von Königgrätz Deisten nannte, haben sie diesen Namen, da ihnen aller Name gleichgültig ist, angenommen. Sie haben ihre Religion von ihren Eltern, und diese von den ihrigen. Sie wollen nie eine Verbindung mit Hussiten gehabt haben, und wissen weder Urheber noch Entstehungsart ihrer Sekte.

Ihr Religionssystem ist: Es ist nur ein einziger Gott. Die bekannten Stellen bey Isaias und Jeremias urgirten Sie sehr wider die Lehre der Dreyeinigkeit. Die Bibel ist nicht von Gott eingegeben; aber ein Buch, das, wie noch manches andere, viel Nützliches und Erbauliches zu lesen enthält. Dieses Buch selbst giebt die

Vor=

Vorschrift, daß man nicht alles, was in demselben steht, ohne Unterschied zu glauben habe, durch den bekannten Ausspruch: prüfet alles, und das Gute behaltet. Jesus ein bloßer Mensch. Er hat die Welt viel gutes gelehrt. Von seinen Wundern sowohl, als allen denen, die in der Schrift erzählt werden, könne man nicht wissen, ob, und in wie weit sie wahr sind. Er mußte sterben; aber nicht zur Versöhnung unserer Sünden; sondern so, wie alle Menschen einmal sterben müssen. Er wurde gekreuzigt, gleich wie schon viele Unschuldigen hingerichtet worden sind. Von seiner Auferstehung und Himmelfahrt, weis man so wenig was Zuverläßiges als von hundert andern Begebenheiten, die in der Schrift stehen. Wir wissens nicht, sagten sie mir, wir habens ja nicht selbst gesehen. Nur der Rechtschaffene und Gottesfürchtige hat von Gott Belohnung in der Ewigkeit, und der Lasterhafte und Gottlose Strafe zu erwarten. Tauf und Abendmahl sind im Grunde unnöthige Ceremonien. Der h. Geist bedeutet in der Schrift eine Kraft in Gott. Die Frage, was sie dann von der Verehrung Mariens, dem

Feg=

Fegfeuer u. s. w. statuiren, beantworteten mir alle mit lachendem Munde. An ihrer Moral ist wohl nichts auszusetzen. Liebe Gottes und des Nächsten, Treue in Haltung der gegebenen Versprechungen, Keuschheit, Sanftmuth, Geduld, volle Ergebenheit in Gottes Willen, Liebe der Feinde und Verfolger, und alle übrigen Tugenden des Christenthums empfehlen sie einander auf das dringendste. Weder Ehe, noch Eid, noch Kriegsdienste halten sie für was Unerlaubtes. So uneingeschränkten Gehorsam gegen die Obrigkeit lehren sie, daß sie sich für verpflichtet halten, auch nicht den geringsten Widerwillen zu äußern, falls der Kaiser die strengsten Zwangsmittel anwendete, sie von ihrem Glauben zur katholischen Religion zurückzuführen. Aber fanatisch und dem obigen widersprechend wars, daß sie behaupteten, kein Mensch könne den andern was lehren, sie hätten keine Lehrer unter sich nöthig; der Geist Gottes lehre jeden in seinem Inwendigen, was er zu wissen, zu glauben, und zu thun habe ꝛc. ꝛc.

Die Israeliten verdienen weniger Aufmerksamkeit. Es waren ihrer nur
we=

wenige: alle von der Herrschaft Chlumecz im Königgrätzer Kreise. Aber der Ursprung ihrer Sekte ist etwas sonderbar. Ein Bauer, Namens: Merwinsky, stund vor verschiedenen Jahren mit einem katholischen Geistlichen in guter Bekanntschaft, und erhielt durch diesen eine Bibel zu lesen. Er fieng bey den Büchern Mosis an; las das ganze alte Testament durch; geräth aber, als er in den Büchern der Machabäer begriffen war, mit dem Geistlichen in Verdrüßlichkeiten, worauf ihm dieser die Bibel wegnimmt, so blieb der Bauer mit den neutestamentlichen Offenbahrungen unbekannt; und am meisten nahmen ihn, wie er mir selbst erzählte; die großen Vorzüge, damit Gott sein geliebtes Volk Israel vor allen Heiden begünstigte, die auffallenden Wunder, die Gott öfters zu ihrem Vortheil that, und die großen zeitlichen Belohnungen, die er den Beobachtern der Mosaischen Gesetze versprach, für die jüdische Religion ein. Er will nie einen Umgang mit Juden gehabt haben. Von Jesu und seiner aufs Judenthum gebauten Religion wußt er nichts mehr, als jeder katholische Bauer weis. Aber in Mose,

und

und den Propheten war er sehr bewandert. Die bekanntesten Weissagungen von Messias legt ich ihm vor, um zu erfahren, ob er sie wohl wisse, und überdacht habe. Er wußte sie, und erklärte sie auf seine eigene Art. Gleiches gilt von seinen Anhängern. Sie wissen noch mehr Rechenschaft zu geben von ihrem Glaubenssystem als die Deisten. Sind freyer, und werden nicht leicht in Verlegenheit gesetzt. Wenn es der Kaiser erlaubte, würden sie sich sogar beschneiden lassen, und das Osterlamm essen. Sie halten die Mosaischen Gesetze genau, wollen auch den Talmud annehmen, feyern bereits nicht mehr den Sonn-, sondern den Samsttag; nahmen auf den Marsch am Sabbat nicht einmal Geld an u. s. w. Sie statuiren auch eine Metempsychose. Wie sie aber auf diese Meynung gekommen sind, konnt ich nicht ausforschen. Uebrigens hat auch diese ihre Moral nichts Tadelhaftes, und sie sind gleich den Obigen in ihrem Betragen still und gelassen.

Unter den Deisten sind einige vermögliche Leute; und ein Greis unter ihnen nah an 80 Jahren, verließ seiner

vä=

väterlichen Religion halber Haus, liegende Güter und ein Vermögen von etlichen tausend Gulden. Unterwegs ward er krank: zwo seiner verheuratheten Töchter waren unterwegs in Kindsnöthen, und eine, die, wie die Sage geht, ein Soldat auf dem Marsch mit dem Flintenkolben gestoßen hatte, starb erbärmlich in Brünn. So hat auch der Deismus seine Märtyrer!—

Ich enthalte mich der mancherley Empfindungen auszudrücken, die der Anblick des kranken Greisen und seiner Familie in uns erregt, und gestärkt hat.

Es ist zwar des Kaisers Befehl sie gelind und ohne alle Strenge zu behandeln: allein, wie weit derselbe befolgt wird, hängt, wie sich leicht erachten läßt, von der Laune und individuellen Denkungsart der verschiedenen Offiziere und Soldaten, die Sie von Stadt zu Stadt zu transportiren haben, wie auch der Bürger, in deren Häuser sie einquartirt werden, ab. Ob man sie gleich an den meisten Orten flieht, und als verabscheuungswürdige Menschen betrachtet, so hatten sie, wenigstens in unserer Gegend, das Glück, unbigotte und menschlich denkende Führer zu bekommen. Sie

Sie werden in Ungarn, Siebenbürgen und Galizien gänzlich zerstreut; Eltern und Kinder von einander getrennt, und die Männer zu Soldatendiensten an der türkischen Gränze gebraucht. Bekanntlich hat sich der Kaiser selbst alle Mühe gegeben, die Leute von ihren Irrthümern abzubringen, und zur Annahme einer der erlaubten Religionen zu bewegen.

Im May 1783.

Wenn das alles so pünktlich wahr ist, was werden kurzsichtige Philosophen (davon es in unserm Jahrhunderte wimmelt) und wenn dieß von keiner Seite berichtigt würde, was würde unsere Nachkommenschaft dazu sagen?

Daß ein junger Geistlicher, der sich aufgeklärt dünkt, weil er über verschiedene Gegenstände andere Meynung hegt als der Haufe — und weil er Bards oder des Lessingischen Fragmentisten Werke gelesen hat, ein kritisches Faktum zum Vortheile des Deismus auf Unkosten eines so großen Kaisers aufputzt, wundert mich nicht, daß aber Herr Hofrath Schlözer, sowohl als Herr Kriegsrath C** zu Berlin — sich davon haben blenden, und zur Einrückung

solcher

solcher Beyträge bewegen laſſen, das wundert mich.

Ich mache mit einem Steine zween Würfe, wenn ich nur die Nachrichten des einen oder des andern prüfe; denn beyde ſtützen ſich auf die reine Lehre des Deiſmus, und das natürliche Recht der Menſchen — in Abſicht der Gewiſſensfreyheit. Der erſte ſucht die an den Abrahamiten verübte Ungerechtigkeit lächerlich zu machen, der letztere unſer Herz dagegen zu empören.

Ich will hier ununterſucht laſſen, ob ein evangeliſcher Geiſtlicher, der in Oeſterreich geduldet wird — dem man hier alle Gelegenheit verſchaft, ſein Glück zu machen, nicht höchſt undankbar handle, in öffentlichen Schriften, die den künftigen Geſchichtſchreibern ihres guten Bürgens wegen, der ſie herausgab, — in deſſen Einſicht und Treue ſie kein Mistrauen ſetzen können, — beſonders dienen werden, einen Kaiſer herabzuſetzen, und das Brandmaal der Menſchenfeindlichkeit auf das Andenken ſeines Namens zu prägen, der doch werkthätige Duldung, Huld und Liebe an dieſem evangeliſchen Geiſtlichen zuerſt bewieſen

wiesen hat? Nachdem dieser lutherische Priester, dieser intolerante Deist das Elend des Greisen und seiner schwangeren Tochter den Lesern ans Herz gelegt — so enthält er sich die mancherley Empfindungen auszudrücken, die der Anblick dieses Scheusals erregt hat.

Diese rethorische Figur, der zufolge man sich enthält, — etwas zu sagen, was man eben gesagt hat, — oder wirklich sagt, ist uns wohlbekannt, und beweiset nichts für die redliche Schonung, welche jedem Schriftsteller besonders aber dem Geschichtschreiber heilig seyn muß. Selbst Satyren müssen mit Schonung geschrieben werden: und Geschichte? — Allein desto besser, daß diese historischen Beyträge weniger schonend sind, und daß ihre unbescheidene Partheylichkeit von selbst in die Augen springt.

Wie diese deutlichen Kennzeichen derselben — dem scharfen Auge eines E. und eines noch größeren, noch scharfsinnigeren Schölzers entgiengen? — das erkläre mir, ein Historiker, wenn er kann, welcher hinlängliche Geschicklichkeit besitzt, historische Nachrichten und Dokumente zu prüfen.

prüfen. Ist es möglich, daß ein gemeiner Mann, ein Bauer — noch dazu ein böhmischer Bauer, der in seiner Muttersprache keine Bücher dieser Art findet, ein ganz gereinigtes und bündiges System der natürlichen Religion sich eigen machen kann? Ein Religionssystem, das in Rücksicht der Vollständigkeit und Bündigkeit jenem des Rousseauischen Vikars im Aemil nicht im mindesten nachstehe?

Der erhabene Gedanke, den der aufgeklärte Schlözerische Beyträger für fanatisch und der natürlichen Religion für widersprechend erklärt, daß ein Mensch den andern nichts lehren könne, daß der Geist Gottes selbst jedermann lehre, was man glauben, wissen und thun solle, ist eine Versicherung, daß sie ihre Religion der Tradition der Natur selbst zu danken haben.

"Religionslehren, Sätze oder ewige Wahrheiten sind nicht dem Glauben der jüdischen Nation, wie Mendelssohn behauptet, unter Androhung ewiger oder zeitlicher Strafen, aufgedrungen; sondern der Natur und Evidenz ewiger Wahrheit gemäß, zur vernünftigen Erkenntniß empfohlen worden. Sie durften nicht durch unmittelbare Offenbahrung eingegeben, durch Wort und Schrift, die nur itzt nur hier verständlich sind, bekannt gemacht werden. Das allerhöchste Wesen hat sie allen vernünftigen Geschöpfen durch Sache und Begriff geoffenbahrt, mit einer Schrift in die Seele geschrieben, die zu allen Zeiten, und an allen Orten leserlich und verständlich ist. Daher singet David: die Himmel erzählen die Majestät Gottes. — Und seiner Hände Werk verkündiget die Feste. — Ein Tag strömt diese Lehr dem andern zu. — Und Nacht giebt Unterricht der Nacht. — Keine Lehre, keine Worte — derer Stimme nicht vernommen werde. — Ueber den ganzen Erdball tönet ihre Saite. — Ihr Vortrag dringet bis an der Erde Ende. — Dorthin, wo er der Sonn' ihr Zelt aufschlug — u. s. w.

Es ist also nicht fanatisch, und der natürlichen Religion widersprechend, daß der Mensch den andern nichts lehren, daß die Kraft Gottes, der heil. Geist, durch Sache und Begriff ewige Wahrheiten offenbahren könne? Es ist möglich, und die Geschichte beweiset es, daß sich diese

Mög=

Möglichkeit schon öfters realisirt habe: — die Erkenntniß Gottes, und die Hauptpflichten der natürlichen Religion von den Werken der Natur selbst zu abstrahiren, besonders, wenn wie die Juden, den menschlichen Geist kein Glaube verzäunt hält: — denn sonst ist's kaum möglich, sich den Banden der Erziehung, und den Banden eines Heiligthums dergestalt loszureissen, als sich ihnen die Abrahamiten losgerissen haben müßten, und zwar ohne daß ihnen mündliche Tradition gewisser Wahrheiten, oder ein Buch — auf die Spur derselben geholfen hätten. Indessen was den ersten Punkt die mündliche Tradition betrifft, so gestehen sie ja selbst dieser ihren Unterricht zu, indem sie sagen, daß sie ihre Lehre von ihren Vätern, und diese von den Ihrigen hätten. Gut! aber eine so reine? — Nenne mir doch der aufgeklärte Pastor — unter allen Nationen durch alle Zeitalter — nur ein einziges Völkchen, das einer so reinen natürlichen Religion sich hätte rühmen können? Es ist damit freylich nicht alle Möglichkeit bestritten; — aber man hat doch allen Grund, mistrauisch in die Wahrheit des Schlözerischen Beyträgers zu seyn.

Was ihren angeblichen Gehorsam gegen die Obrigkeit anbetrifft, so wissen die Liebhaber der Geschichte sehr wohl, was sie daraus zu machen haben. Demüthig ist eine jede Nebensekte im Staate: ausnehmend demüthig waren die ersten Christen; beugten sich tief vor den Heiden, und litten viel von ihnen; aber so bald sie zur päbstlichen Macht heranwuchsen, gaben Sie auch den Heiden und Juden alles doppelt wieder. Gregor Hildebrand, dieser christliche Muhamed und Torquemada, dieser türkische Dominikaner — dürfen statt Tausend, anderer angeführt werden, daß kriechende Seelen — wenn sie empor wachsen, — eben so übermüthig werden, als sie bey geringem Glücke niederträchtig gewesen sind. Laßt diese Abrahamiten aufkeimen, und sie werden eben so intolerant seyn, als es jene geworden sind. Es liegt schon in der Natur, daß die Schwächeren schmeucheln, und sich mit der Tugend der Demuth und Ergebenheit das Joch erträglicher zu machen suchen, welches sie nicht abschütteln können.

Aber auch dieser Gehorsam der böhmischen Abrahamiten ist nicht weit her;

und

und alle christliche Tugenden obendrein, welche sie einander anempfehlen.

Nur immerhin zur Sache. Diese Deisten sind, autentischen Berichten zufolge, Leute, die in ihrem ganzen System verwirrt, oder vielmehr ohne allen Religionssystem über wichtige Gegenstände des christlichen Glaubens spotten: daher auch die übrigen Einwohner nothwendigerweise gegen sich aufbringen, die jene von ihnen verspotteten Gegenstände für ein unverletzbares Heiligthum ansehen *)

Der

---

*) Sie haben keine Geistlichen, keine Religionsführer — sagt die berlinische Korrespondenz. — Ja wohl. Sie haben ihre Sprecher und ihre Lehrer. Diese sind hervorgetreten und haben dem sie untersuchenden aufgeklärten Bischof Herrn von Hey Red und Antwort stat aller gegeben.

Der Haufe nickte zu allem, was jene sagten, mit dem Kopfe nur.

Dieser Sprecher kenn ich dreye. Prowaznik, Kaspar und Woritzky. Sie gestehen nicht, wer ihnen so vielerley Narrenspossen in den Kopf gesetzt hat. (Wofern sie sich nicht am Ende ihres Urhebers schämen

Der Schlözerische Beyträger gesteht ja selbst, daß sie mit lachendem Munde die Fragen von der Verehrung Mariä u. s. w. be-

men?) Denn vor 43 Jahren ist in ihrer Gegend ein Jude wegen öffentlicher Lehre, und weil er dazu Proseliten machte, hingerichtet worden.

Unter andern Lehrsätzen und auf die Frage: ob sie glaubten, daß sie auch ihrem Kaiser Gehorsam schuldig wären? behaupteten die Sprecher, daß sie zu demselben allerdings, insofern es die gesellschaftlichen Verträge erheischten, verbunden wären; aber nimmermehr aus natürlichen Pflichten. Von Natur aus wären alle Menschen an Rechten und Vorzügen einander gleich, und es hätte da keiner dem anderen was zu schaffen.

Der Haufe nickte mit dem Kopfe.

Wenn sich nun eine günstige Gelegenheit diesen Deisten darböte, unter einem anderen Fürsten, oder in einer anderen politischen Einrichtung — wie sie sich's vorstellen möchten, glücklicher zu werden, — würden sie nicht willig zu Waffen greifen, und gegen ihren eigenen Fürsten zu Felde ziehen?

Wenn

über Deutschland.

beantworteten; — nachdem er sie treuherzig gemacht. — Eben so treuherzig machte Sie das Toleranzedikt, welches sich
kei=

Wenn ihre Sprecher zu ihnen sagten: wollt ihr nicht lieber herrschende Sekte unter Friedrich als eine verdrengte unter Joseph seyn —— ob wohlen sie herrschend unter keinem vernünftigen Fürsten seyn könnte, würden sie nicht gleichfalls mit dem Kopfe nicken?
Gründliche Einsicht der bürgerlichen Vortheile als Folge der Erfüllung politischer Gesetze (weis ich wohl) ist eine weit stärkere Triebfeder des Gehorsames der Unterthanen, als der abstrakte Begriff von Belohnung oder Strafe jenseits des Grabes. — Allein diese gründliche Einsicht setzet eine ganz andere Erziehung voraus, als daß wir sie den vertriebenen Abrahamiten zutrauen könnten. Auch ist es noch beyweiten nicht entschieden, ob bey einer so ungleichen, sich im Wesentlichen so widersprechenden Denkungsart der Unterthanen Eintracht und Friede bestehen könne. Und wenn es endlich wahr ist, daß jeder Zeitpunkt seine eigene Aufklärung heische — so scheint es mir — daß für jene

keineswegs auf offenbare Naturalisten er-
strecken konnte, ohne von der Unklugheit des
Regenten zu zeugen. Man irrt sich außerordentlich, wenn man glaubt, daß die bloße Philosophie ohne alle Staatsklugheit
auf dem Trone allen Staaten gleich ersprießlich seyn müsse.

Der Philosoph auf dem Trone von
Preusen, dieser Abgott Europens seit einem halben Jahrhunderte — ließ zu An-
fang Novembers 1783 den neuen Messias (Rosenfeld) mit dem Staupenschla-
ge bestrafen, und zur Vermeidung mehrerer Unordnungen Zeitlebens auf die
Festung bringen. **) Eigentlich war dieser tolle Messias nichts mehr und nichts
weniger als unsere Abrahamiten sind: ein

Schwär-

ne milden und zarten Grundsätze, wenn ich
so sagen darf, — es hier Landes eine noch
viel zu nördliche und rauhe Luft giebt.
Wo die Mönche noch in großen Tüchern scharenweis einhergehen, kann die
Wahrheit — entfernt nackt und blos zu
seyn nicht Pelze genug umwerfen, sich
zu verhüllen.

**) Berlinische Korrespond.

Schwärmer; dessen Schwärmerei aber aus dem Wege geräumt wurde, — weil sie ansteckend war. Denn deshalb hätte man ihn wohl nimmermehr zum Gotteslästerer in Preußen machen dürfen, weil er sich für den ächten Messias ausgab: denn dort ists allzugut bekannt, daß nach den Begriffen des alten Testaments jeder brave Mann ein Messias hies, ein Heiland, ein Erlöser der mit Tapferkeit und Mut aus dem Volke aufstand, die unterjochten Israeliten von der Oberherrschaft ihrer Feinde zu befreien; So ein Messias war nach der alten biblischen Geschichtssprache Moses, als er sein Volk aus der egyptischen Dienstbarkeit führte. Der Bastart Jephta war weiter nichts als ein ehrlicher Mann, der seine ganze Unterwürfigkeit gegen Gott selbst mit Aufopferung seiner Tochter bestättigte, und doch hieß er ohne Gotteslästerung ein Heiland unter den Juden. Eben dies war Simson, der sonst als ein Abtrünniger von den Satzungen seines Volkes und als ein offenbarer Wollüstling mit einer heidnischen Hure Gemeinschaft hatte, ohne darum weniger der Messias seines Zeitalters zu seyn. Die Juden des
alten

alten Testaments dachten sich nie etwas anders unter dem Messias, als einen großen Mann und einen Helden. Unter dem Messias der Christen denkt sich der Gläubige einen Gott, aber nicht deßhalb, weil er der Messias ist, sondern wegen seiner ewigen unbegreiflichen Abstammung vom Vater. Nach diesen allerorthodoxesten Begriffen kann noch immer jemand den Titel eines Messias führen, ohne sich darum der Gottheit gleich zu setzen: und wenn ein unbedeutender Schwärmer sich für einen Messias ausgiebt, so kann er wohl ein Narr oder Betrüger, aber noch immer nicht ein Gotteslästerer seyn. Und wenn auch der Richter nach den alten in den Zeiten der Barbaren abgefaßten Gesetzen diesen Schwärmer zur Strafe des Gotteslästerers verdammt hätte, so würde der gekrönte Philosoph jenes Urtheil nicht haben exequiren lassen. Auch die Majestätschändung, weil er den König einen Pharao nannte, würde ihm in Preußen nachgesehen worden seyn, wo man Voltären, der den preußischen Monarchen den nordischen Salomo nannte, keinen Prozeß machte: da doch dieser jüdische Sultan Mädgen bey

tau=

tausenden in sein Serail einsperrte, seinem
Volke Klagen über unerträgliche Lasten aus=
preßte, und die Knaben seiner Israeliten
dem Moloch zu Ehren lebendig braten ließ:
dagegen Pharao ein Heiliger war. Kurz
alle die Verbrechen welche ihm zur Last ge=
legt wurden, würden ihm eben so wenig den
Stäupenschlag und die Festung zugezogen
haben, als jenem Gott Vater zu Prag, der
erst vorm Jahr bey den so genannten barm=
herzigen Brüdern starb, — und den man
mit mehr Rechte für einen Gotteslästerer
hätte ansehen können: — weil er sich für
Gott den Vater ausgab. Aber zu Prag,
wo man sich doch so erleuchtet nicht dünkt,
— als zu Berlin, wurde dieser Gott Va=
ter — eben weil er sich dafür ausgab, für
einen tollen Menschen erkannt, und kam
nicht auf die Festung, sondern ins Toll=
haus. — Auch würde jener berlinische
Messias noch viel weniger auf die Festung
Zeitlebens gesetzt worden seyn, wär es nicht
zur Vermeidung mehrerer Unordnungen
geschehen, weil seine Tollheit ansteckend ge=
wesen ist. Eben so gieng es mit unseren
Abrahamiten. Sie sind im Grunde nichts
als Narren, weil sie aber dachten, daß

die

die Toleranzpatenten ihnen erlaubten, ihre Narrheiten auch andern Mitbürgern beyzubringen, so sind sie zur Vermeidung mehrerer Unordnungen, und also nicht der Lehre des Deismus wegen, fortgeschaft worden. Man kann also wohl ein Philosoph seyn, und dennoch gewisse Lehrsätze oder Narrheiten wenn sie Unordnungen stiften, verbieten, und die hartnäckigen Verfechter derselben bestrafen. Selbst der Kriegsrath C** zu Berlin hat das Urtheil über den kleinen Messias Rosenfeld für gerecht anerkannt; nachdem er sich über die Formalitäten desselben lustig machte: und die Vertreibung der Abrahamiten sollte weniger für sich haben? —

Der König von Preußen regiert bereits 40 Jahre hindurch; er konnte seit dieser Zeit die innere Sicherheit seiner Staaten dergestalt gründen, daß er von 60 Messiasen nichts für seine Unterthanen zu befürchten haben sollte: und der Kaiser, der erst seit so wenig Jahren seine ererbte Staaten mit weiser Reformation beglückt, sollte nicht klug und gerecht verfahren seyn, aus Böhmen eine Sekte vertrieben zu haben, deren Duldung der Ruhe seiner
übri-

übrigen Unterthanen hätte gefährlich werden können?

Es ist bekannt, daß sich die Katholiken in Böhmen erst kürzlich widersetzt haben, die Hussiten und Lutheraner auf geweihte Stätte begraben zu lassen; dergestalt, daß sie sogar die militarische Assistenz angegriffen haben, und sich lieber von derselben todt schießen ließen, als daß sie einen hussitischen Todten unter ihre Väter hätten verscharren lassen: und diese Katholiken, die noch so weit zurück sind, hätten sich mit Leuten vertragen sollen, die ihrer wichtigsten Heiligthümer gespottet haben?

Freilich sind im Grunde die Prediger an solchen Unordnungen Schuld; daher sollen auch nun dieselben zur künftigen Volkserziehung in einem dazu neu errichteten Priesterhause gebildet werden.

Jene weise, und — wenn Salomo nicht seine großen Verbrechen hätte, wollt ich gerne sagen, — jene salomonische Verordnung, welche — bei 25 Stockstreichen verbietet, daß man sich einen Dristen nenne, und bei 12 Stockstreichen Strafe, daß man einen andern dafür ausgebe,

be, ihn alſo nenne, oder verklage;. — verbrei‒
tet über die dießfällige Denkungsart un‒
ſeres Regenten ein helles Licht.

Er will und kann niemanden ver‒
blethen, daß er denke, was er wolle; aber
er verbietet nur, daß man es, —
zur Vermeidung mehrerer Unordnungen
nicht äußern ſolle.

/ Seit dieſer Zeit hört man weder von
Deiſten noch Abrahamiten, und unſere
theologiſchen Klopffechter müſſen ſich in Acht
nehmen, im heiligen Eifer diejenigen Au‒
tores, welche kirchliche Mißbräuche an‒
greifen, — Naturaliſten oder Atheiſten, was
ihnen ſonſt geläufig war, zu ſchelten. —
Denn es wäre ein abſcheuliches Spektakel,
wenn ſo ein Orthodox öfentlich auf den
Hintern 12 Stockſtreiche empfangen ſoll‒
te. —

Nein, — es iſt auf alle Fälle rath‒
ſamer, inſpirirt mir mein ſchriftſtelleriſcher
Genius, daß ich mir eine Trompete der
Orthodoxie zinsbar mache, — um meine
Schriften den Klauen des Teufels zu ent‒
ziehen, und den Bannſtral, der freylich
itzt nur ſehr ſelten von Rom aus ab‒
geſchoßen wird, von meinem Haupte ge‒
hörig

hörig abzuleiten: Zugleich mein Werk, weil ich es mit Salze zubestreuen gedenke, auch jener Heerde Schaafe (denn Schaafe lecken gerne Salz) genießbar zu machen, welche die Orthodoxesten Hirten unseres Jahrhunderts, auf den unschädlichen Hutweiden, dergestalt nähren, damit ihr schwächlicher Magen durch geistliche Diät vorbereitet werde, einst Manna zu genießen, davon sie ihnen zu gewissen Zeiten, für ihre Wolle, den Vorgeschmack geben.

Dieser Inspiration meines Genius zu Folge wend ich mich dann an Sie, Hochehrwürdiger Pater Patritius, Prepuzeus Pellizeus! — Denn welche Trompete könnte durchdringender seyn, als die ihrige? — Sie! Sie nur dürfen meine Schriften in Schutz nehmen — dürfen zu mir sagen: dein Glaube hat dich selig gemacht, und mir ist um den besten Abgang derselben unter ihren Schafen und Gänsen nicht bange.

Sie dürfen nur ihre orthodoxe Feder in Bewegung setzen, und meine Schrifft ist mit dem heil. Stempel der Rechtgläubigkeit gestempelt: Sie geht, wie Schmalz ab, oder was noch besser, geht als

Schmalz —

Schmalz — wie ihre Schriften selbst. Um mich aber ihrer Freundschaft zu bemächtigen, dediziere ich Ihnen gegenwärtigen Aufsatz; und Sie, als demüthiger Priester nehmen es nicht übel, daß ich wider allen Gebrauch, — es von Hinten folgender Gestalt zu thun wage.

Dem Hochwürdigen und Hochgelahrten
Herrn Herrn

P. Patritius, — Prepuzeus, Pelliceus Fast;
Diesem erschrecklichen Hammer der
Unrechtgläubigkeit,
Diesem glücklichen Wiederhersteller
der Vorhaut Christi,
Diesem unglücklichen Wiederhersteller
des Pelzes einer Wittwe, den
sie bei ihm verpfändete, — und
Diesem allergrößten Seelenfresser, a)
widmet

a) Diese ganze Titulatur ist der lateinischen Monachologie, die zu Wien gedruckt wurde, und dann der eben daselbst erschienenen Piece, der Ziege und der Bock von Blumauer, abgeborgt.

widmet
den Auffatz über die Vertreibung der
Abrahamiten und Deiſten
Von
Hinten zu,
der Verfaſſer gegenwärtiger
Offenbahrungen.

Hochwürdiger, Hochgelahrter Herr!

Ich bedauere herzlich Euere Hoch=
ehrwürden, daß ſie den oberwähnten Pelz,
den man bei Ihnen verpfändete, und den
unglücklicher Weiſe die Motten zerfreſſen
haben, — weil ſie ihrer heiligen Väter
und dero eigener Bücher ſchonen wollten, —
dergeſtalt zurück geben mußten, daß ſie
auch ihre 50 fl. verlohren, die ſie auf die=
ſes Pfand, aus Uebermaß chriſtlicher Liebe
geliehen haben: und dieſes alles um der
irrigen Meinung Seiner Kaiſerlichen Ma=
jeſtät Willen, — daß die Prieſter nicht
wuchern dürften.

Wäre der Pelz eine Seele, und die
Motten wahre Teufeln geweſen, dann hät=
ten Ihre Hochwürden freilich wohl eine
Klapperjagt darauf angeſtellet, — allein

K   mit

mit Austreibung der Motten konnten sich dero gesalbten Hände nicht abgeben; und das Heil des Pelzes konnte Ihnen auch sehr gleichgültig seyn. In Erwägung dessen, und Ihrer anderweitigen Verdienste um den Schafstall der Orthodoxie, hätte der Monarch nicht so streng urtheilen, und das Verbrechen Ihrer Schaben, nicht ihnen a Conto schreiben, sondern vielmehr bedenken sollen, wie nachtheilig es der ganzen Kirche sey:

Die Schafe zu überzeugen, daß der Hirt selbst der gefährlichste Feind ihrer Felle sey; und die Wölfe in Schafpelzen (die gottlosen Ketzer) nur darum vom Stalle der Rechtgläubigkeit verscheuche, damit ihm die Felle desto sicherer bleiben: und die Schafe nicht rappelköpfisch werden, und auseinander laufen mögen.

Ihro Hochehrwürden haben troz dem immer munteren Wächter auf der Zinne der Orthodoxie zu Hamburg und jenem noch wachsameren zu Augsburg als ein rüstiger Streiter gegen die geistlichen Wölfe den Streitkolben geführt, und sich als ein tapferer Heerführer der schwarzen Klerisei signalisirt, haben um die Li=
nien

nien von Wien einen Kordon gezogen, damit die Teufeln nicht einpaſſiren, ohne in der Hauptmaut viſitirt, und wenn ſie mit Rouſſeaus, Voltärens, Leſſings, Wielands, oder ähnlicher Hechte Schriften befrachtet wären, zurückgewieſen zu werden.

An den Gemälden der Ketzer, welche Ihro Hochwürden zur Verabſcheuung des Publikums öffentlich dargeſtellt haben, haben dieſelben einen ſtarken Schatten angebracht, und ſich einer Dinte dazu bedient, deren unterſcheidendes Ingredienz in einer ſchönen Art von frommer Galle beſteht, die ſich noch beſſer ausnimmt, als jene des hochgerühmten Senior Götze zu Hamburg.

Bei theologiſchen Streitigkeiten muß man noch mehr an Ihnen als ihm die erhabene Demut bewundern, mit welcher Sie Ihre Vernunft verleugnen, und mit heiliger Wuth den Verſtand aus dem Centro der Orthodoxie verbannt wiſſen wollen: dergeſtalt, daß die reine Lehre, die ſie vertheidigen, noch durch kein Fünkchen menſchlicher Weisheit verunſtaltet iſt.

In Ansehung dieser hohen Verdienste hab ich meinen Herrn Verleger dahin vermocht, ihre Werke auf Fließpapier in Folio heraus zu geben: die sich an die heiligen Väter anstoßen ließen.

Nun zeigte sich's aber, daß wegen dem zu großen Formate, so Er wählte, kein Buchbinder im Stande war, — sie einzubinden, und der Verleger ist bereits in der größten Verlegenheit gewesen, wie er es damit anzufangen hätte, als sich eben ein frommer Vaßbinder ins Mittel legte, und willig die Arbeit auf sich nahm, — dero Werke zu binden, damit man dermaleinst auf sein Grabmal setzen könne: Hier liegt ein Vaßbinder, der auch volle Väßer eingebunden hat, die leer waren.

Dem Ueberschlag des Vaßbinders zufolge wird hiemit den Kauflustigen, die auf diese Werke subscribiren wollen, bekannt gemacht, daß sie zum Einbinden derselben bei Zeiten 19 Pfund Steuerischen Eisens und drey Stück Kuhhäute einzuliefern hätten, wenn sie wohlfeileren Kaufes wegkommen wollten. Dann aber sollten sie auch dagegen versichert seyn, daß es der

Band

Band mit einer halben Ewigkeit aushalten werde. Der Rand und alle Ecken werden mit Hufeisen beschlagen werden, damit die Kuhhäute durch oftmalliges Nachschlagen nicht leicht abgeschoben werden können.

Weil aber diese kostbare Ausgabe zugleich mit einem Kupfer ausgeschmückt werden soll, und die Mode, den Kopf des Verfassers vorzustechen, zu abgenützt ist, sich auch öfters die Schwierigkeit äßert, daß die Authores keine Köpfe haben, so hab ich dem Verleger eine Zeichnung ausgearbeitet, die ich Ihnen hiermit zur Censur in allem Respekt verlege, und welche, wie jeder, der nicht blind ist, deutlich sehen muß, die Krönung Ihres Geistes vorstellet, der über dero Werken schwebt, die eben eine Feuerprobe ausgehalten haben.

Nachdem also nun dieser Gedanke neu und eines Hogarts würdig, das Gemälde auch so ein liebes Nachtstück ist, als es gegenwärtiger Stoff nur immer fordern konnte, so werden Sie unzweifelhaft daraus abnehmen, mit welcher Werthschätzung ich sey, Euerer Patrizität,

Prä=

Präpuzietät und Pelizeetät, dann Euerer — auf der Zinne der Rechtgläubigkeit stets rigelsamer Nachtwächterschaft, und Euerer Hochehrwürdigen Psychophagoität,

Im Lande der Sehenden am ersten Maj, der Josephinischen Reforme im 4ten Jahre,

> Demüthigster Verehrer, Bewunderer, und fleißiger Leser bis in den Tod, der Verfasser der Offenbahrungen und Dedikannt.

Es giebt noch zärtliche Treue in der Welt.

Ferdinand von Helmreich.
Eine wahre Geschichte vom J.1782. unter erdichteten Namen.

Ferdinand von Helmreich, dessen Vater, ein ehrlicher Bräuer, sich, weil sein Bier viele Jahre hindurch gut abgieng, nobilitiren ließ, war gut gewachsen, hatte in seiner Jugend nichts gelernt, blieb daher bey guten Naturkräften; besuchte die Universität, wo er vorzüglich gut reiten lernte; erbte von seinen Eltern 40000 fl.; brachte mit falschen Spielern und galanten Weibern sein halbes Vermögen in wenig Jahren durch; wurd von einem Mönch an eines Landedelmanns Tochter verkuppelt; hatte von seinem Schwiegervater dermaleinst 50000 fl. zu hoffen, verlohr ihn gleich den dritten Tag nach der Hochzeit, ward ein Besitzer von 70000 fl. und einem Mädchen, welcher wohl kaum der würdigste unserer Männer würdig gewesen wäre.

Sie

Sie war gut gewachsen, und hatte ein Paar blaue Augen. Die Farbe ihrer Lippen stritt mit Rosen, und die ihrer Zähne mit Perlen um den Rang. Sie besaß guten Humor, gesellige Grundsätze und eine Menge verborgener Qualitäten mehr. —

Klarisse, so hieß die gegenwärtige Frau von Helmreich, grämte sich innerlich, daß der ihr aufgedrungene Gemahl, so hölzern in seinen Empfindungen, so brutal in seinen Leidenschaften, und so bäuerisch in allen seinen Manieren war, um bey jeder Gelegenheit die Ahnen, davon er abstammte, zu verrathen.

Indessen, da er unter so vielen Temperaments = und Erziehungsfehlern gewisse körperliche Vorzüge, welche junge Damen zu schätzen wissen, besaß, (er tanzte nämlich schön, und ritt perfekt) verzieh Klarisse ihm manche Ungeschliffenheiten, die vielleicht noch, — wir werden finden, daß sie nicht viel hoffte, Zeit, Umstände und liebvolles Bemühen poliren würden.

Sie drang darauf, sich von dem großen Tumulte der Stadt in ein einsames Elisium zurück zu ziehen; — sie fleht' ihn die ersten vier Wochen ihrer Ehe darum an,

und

und folglich konnt' er, so sehr ihm auch Spielgesellen am Herzen lagen, nicht lange wiederstehen.

Es wurde da ein ganzes Jahr in Liebe und Vertraulichkeit hingebracht, und man muß an dem glücklichen Erfolg den Zauber der Liebe und die Stärke der Seele unserer schönen Klarisse bewundern; denn binnen dieser Zeit wurd ihr aufgeblasener Gemahl höflich, begegnete allen Menschen geringeren Standes leutselig, lachte bey keinem guten Trauerspiele, las alles mit Theilnehmung, erinnerte sich, ohne roth zu werden, der Profession seines Vaters, schätzte seine Frau höher als Roßtbraten und Wein, daran sonst sein ganzes Leben hieng; seine Empfindungen erweiterten sich, und sein Auge sah bereits, welch' ein Glück! über seine Nase.

Man muß gestehn, daß außer der Schule der Liebe, er nirgend so gute Dinge binnen so kurzer Zeit erlernet hätte.

Er gab den Armen, und wußte die Thränen der Dankbarkeit höher zu halten, als den hingereichten Ueberfluß seines Vermögens. Er zog sich Freunde zu, und das Sprichwort, daß gemeine Leute, wenn sie

zu

zu Glück kommen, vom unerträglichen Bauernstolze besessen zu seyn pflegen, war an ihm falsch befunden worden. Die ganze Gegend verehrte ihn, und benachbarte Edelleute buhlten um seine Freundschaft.

Mit der Ausbildung seines moralischen Karakters wuchs das Glück unserer Klarisse, deren Wohlwollen sich stets über die flehende Armut durch seine Hände ergoß, dergestalt, daß ihre Freude einem Unglücklichen gedient zu haben, dadurch verdoppelt wurde, wenn sich das Herz ihres Gemahls auf ihre Veranlassung wohlthätig gewesen zu seyn, liebenswürdig bewiesen hat; weshalb sie auch nie ein gutes Werk ohne seine Zustimmung verrichtete.

Sie erlaubte sich keinen Genuß, den er nicht mit ihr theilte; folglich auch keinen moralischen: Sie war in allen Fällen getreu!

Ein Briefwechsel, welchen sie mit einer guten Freundinn unterhielt, und der ihm, weil er es durchaus so haben wollte, nicht mitgetheilt wurde, machte die Bekehrung des Herrn von Helmreich in der Stadt ruchbar; und nachdem man sich durch unleugbare Data von der Wirklichkeit

lichkeit derselben, woran man bisher noch zweifelte, überzeugt hatte, versicherte man durchgehends, daß zwei Regimenter Missionarien eine solche Bekehrung nicht zu Stande gebracht haben würden, und daß, wenn statt derselben so liebenswürdige Frauenzimmer in die weite Welt gesandt worden wären, die Unsterblichkeit, das himmlische Reich und die Auferstehung zu predigen, schon längstens alle Barbaren auf dem Flusse Jordan dem ewigen Leben zugeflossen wären.

Klarisse und Ferdinand waren unaussprechlich glücklich.

Allein das Schicksal ist in seinem Zulächeln, womit es die Sterblichen beglückt, so unverdrossen und beharrlich nicht, daß es seine Günstlinge selbst nicht mit unter auch mit saurer Mine ansähe, und das Schlaraffenleben derselben mit Wermuth bestreute; welches seinen verzärtelten Lieblingen um so unerträglicher ist, je seltener sie es erfahren.

Mitten im Genuße der mannigfaltigen Vergnügungen, die Gott Hymen treuen und zärtlichen Gemüthern bestimmte, warf ein hitziges Gallenfieber den Hrn. von
Helm-

Helmreich aufs Krankenlager nieder, und versetzte ihn, nachdem er zwey Tage hindurch erbärmlich davon hergenommen ward, in Lebensgefahr.

Klarisse sah dem Phisikus, der der nächste war, und folglich zuerst gerufen wurde, an der Nasenspitze die leibhafte Ungeschicklichkeit an; welcher, da er schon zu Genüge ihres schwachen und ächzenden Gemahls Urin beguckt und berochen hatte, demselben seine eigne weiße Mixtur, die aus halb Dutzent Wässern, eben so vielen Pulvern und einigen Syrupen bestand, dann seine eigene Pillen und 1 viertel Pfund China eingegeben; ihm auch einige Blasenpflaster aufgelegt, und ihm endlich auch fünf Pfund Blut, davon der stärkste und gesündeste Dragoner hätte krank werden müssen, abgezapft hat.

Klarisse bat vergebens durch 2 auf ein ander folgende Reitboten den berühmten Doktor Flaschengrün, zu dem ihr Gemahl das größte Zutrauen hatte, sie zu besuchen; er schützte häufige Geschäfte vor, da es doch weiter nichts als Bequemlichkeit war, deren er — vom Vater Galenus bereits zum Crösus gemacht, ununterbrochen

chen pflegte. Nie hatte ein zärtliches
Weib mehr empfunden, als Klarisse, —
da sie, die dem geringsten Bettler zu Hilfe geeilt wäre, nun selbst den alten verwünschten Quacksalber Flaschengrün fruchtlos um Hife für den Einzigen anstehen
mußte, dessen Leben ihr eben so kostbar
war, als ihr eigenes. Sie enschloß sich
selbst nach der Stadt zu reisen, und den
Doktor mit der liebenswürdigsten Gewalt
von der Welt, welcher kein Hagestolz und
kein Harpax hätte widerstehen können, zu
zwingen, ihren Gemahl in die Kur zu nehmen. Sie bestellte unterlegte Pferde, ließ
den bequemsten Reisewagen anspannen,
fuhr, da ihr Mann eben eingeschlummert war, ab, wurde umgeworfen, bekam
eine Kontusion, die ihr große Schmerzen
verursachte, und eh der Gemahl beym anbrechenden Morgen erwachte, stand der
graue Doktor Flaschengrün mit seiner Gemahlinn vor seinem Bette.

Der Pazient wußte nicht, wen er zu
erst umarmen: wem er zuerst willkommen
sagen und danken sollte.

Itzt wurden, nachdem der Zustand
der Krankheit geprüft worden ist, die Recepte

repte des Kreisphisikus examinirt. Wie? eigene Mixtur! Eigene Pulver! —— das taugt nichts. Die weiße Mixtur taugt gar nichts, sagte wiederholtermalen Doktor Fla=schengrün. Allein, hier sind Pulver, setzte er hinzu, welche ich stets bey mir trage, und die ich schon lange in arcanis habe! Was? die weiße Mixtur da? die taugt nichts!

Der Kreisphisikus, der zur Vorsor=ge, weil jeder Pazient den dritten Tag mit den heil. Sakramenten versehen werden mußte, den Pfarrer dieses Orts hieher be=stellte, zugleich einen Apotheker mit sich nahm, der dem Kranken einen Klistier appli=ziren sollte, trat eben ins Zimmer. Er war ein untersetzter kleiner alter Mann, der leicht beleidigt wurde, und sich für den ersten Aeskulap in der ganzen Welt hielt.

"Meine Pulver, wie gesagt sind gut, "und dem Status morbi gemäß.,, Sie fühlen ab, sie verdünnen die Säfte und sie purgiren leicht.

Kreisphisikus. Alegro. Das mag wohl seyn, aber meine Mixtur ist gut, habet virtutem solventem, dissolventem, resol-
ven-

ventem, attenuantem, antiphlogisticam, sedantem, anodinam, refrigerantem.

Flaschengrün. J! was nützet das, die Aderlaß war nicht gut.

Phisikus. Warum denn? Es war Aestus febrilis da, und fühlen Sie itzt einmal den Puls! Macht er nicht 80 Schläge in einer Minute?

Flaschengrün Pah! — meine Pulver Hr. von Alegro sind besser; dieß beweiset mir eine 20 jährige Praxis. Ich hab sie mit glücklichem Erfolge noch immer in hitzigen und kalten faulen und inflammatorischen Fiebern, in Verstopfungen und Diarrhoeen genützt. Die Aderlaß war nichts! —

Phisikus. Der Puls war subduriusculus.

Flaschengrün Dann wäre ja besser gewesen, daß man Egel gesetzt oder ein Klistier verordnet hätte; da wär dann der Aestus febrilis schon abgekühlt worden, aber die Aderlaß hat den Kranken außerordentlich geschwächt!

Nun trat auch der Pfarrer hinzu.

Phisikus Das ist schon wahr. Allein, hab ich ihm nicht gleich Vesicatorien,

die

die die vires naturæ incitiren, gesetzt? und meiner China haben sie doch auch nichts auszusetzen? ich hab salem essentialem corticis mit Kampfer versetzt, gegeben.

Flaschengrün. Das ist gut in faulen Fiebern; aber hier taugts nicht. Sie hätten die saburram, die in primis viis war, erst evakuiren sollen: und dieß haben Sie vernachläßigt. Der Cortex hat mit seiner virtute adstringente die saburram noch mehr eingeschlossen. Glauben Sie nur, indem er sich zu dem Pazienten gewendet hat, hier meine Pulver, die er dem Kranken hinreichte, haben noch immer ihre Wirkung gethan.

Phisikus. Nichts da! Nehmen Sie meine weisse Mixtur: ich bin ein älterer Arzt, hab in der Epidemie, in der so viele tausende gestorben sind, ja eben damals hab ich das Spital auf meiner Obsorge gehabt; und hab's bedient.

Der Pfarrer. Wir wollen indessen den Hr. von Helmreich versehen.

Die beyden Doktores reichten ihm ihre Medikamente hin: Flaschengrün die Pulver, und der Phisikus seine Mixtur.

Hel=

Helmreich. Nun so sagen sie mir doch nur, was ich soll? Soll ich erst das Pulver, oder die Mixtur nehmen? — Ich thue was sie wollen.

Endlich wurden sie alle eines Sinnes: der Pazient mußte beichten, und Mixtur und Pulver zugleich nehmen.

Das beste Rezept, welches nur immer vorgeschrieben werden konnte, war dieß, welches hier dem Hrn. von Helmreich die Natur selbst vorschrieb, — nämlich, ein wiederholtes Brechen und strenge Diät.

Letztere machte, daß er sich augenscheinlich besserte.

Die um sein Wohl so sehr besorgte Klarisse hat die Mixturen sowohl als die Pulver zum Fenster hinaus geworfen, welche seinen Magen noch mehr geschwächt haben mußten. Sie ließ ihn, nachdem er recht ausgehungert, und sich wieder in etwas erholt hatte, die leichtesten Speisen zubereiten; wachte Tag und Nacht bey ihm, dergestalt, daß nach seiner Wiederherstellung man lange nicht, dem Aeußerlichen nach, unterscheiden konnte, so sehr haben Kummer und Nachtwachen das gütige Weib an=

angegriffen, wer gefährlicher.von diesen beyden Eheleuten krank gewesen sey?

Die Herrn Aerzte ließen sich für ihre Kur fürstlich bezahlen, schrieben in die Wette gelehrte Abhandlungen, jener, um seine Pulver, dieser, um seine Mixtur als ein probates Arkanum der Welt anzupreisen. Sie beriefen sich dießfalls beyde auf die geheilte Krankheit des Herrn von Helmreich: und an der Wirksamkeit ihrer Arkane zweifelte nun niemand, — weil Herr von Helmreich gesund geworden ist.

Die liebenswürdige Sorgfalt, Mühe, Kontusion und Schwächlichkeit der reizenden Klarisse flößten ihrem Gemahl alle Dankbegierde für sie ein, so, daß er mit vielem und freudigen Verlangen jenem vollkommenen Gesundheitszustande entgegen sah, der ihn fähig machen würde, es ihr auf eine solche Weise zu vergelten, — wie sichs Klarisse und alle empfindsamen Damen nur immer wünschen können.

Helmreich ward gesund, hielt pünktlich, was er sich vornahm, und Klarisse befand sich auf dem höchsten Gipfel der menschlichen Glückseligkeit. Allein sie war von kurzer Dauer.

Ein

Ein Anverwandter des Hrn. von Helmreich verließ nebst ungeheueren Schulden ein schönes Mädchen, die nach dem Tode ihres Vaters unumgänglich den Bettelstab hätte ergreifen müssen, wenn Helmreich sich nicht ihrer, um des guten Rufs willen, in welchem sie stand, erbarmt hätte. Er hatte nämlich von ihr gehört, daß sie drey Jahre hindurch von einem hübschen Offizier verfolgt, mit Versprechungen reizender Aussicht überhäuft und schrecklichen Drohungen: er würde sie oder sich selbst erschießen, erfüllt, durch viele mit Willen des Vaters veranstaltete Gelegenheiten ihre Ehre behauptet habe.

Dieser merkwürdige Sieg, deren sich wohl wenig unserer Jungfern Mamsels und Fräuleins rühmen werden, flößte ihm mit einer gewissen Hochachtung auch ein gewisses Verlangen ein, diese Heldinn näher kennen zu lernen, um sich ihrer zu erbarmen. Dieß beschloß Er und seine Frau, die eben so arglos als wohlthätig war, willigte mit Freuden darein, Sophien, so hieß diese neue Lukrezie, ins Haus zu nehmen.

Sophie konnte keinen Antrag willkommener finden.

Sie lebten wie die Kinder der Natur beysammen; nur Hr. von Helmreich schien immer mehr und mehr seine Ruhe zu verlieren, in deſſen Herz neben dem Verlangen dieſe Heldinn näher zu kennen, eine andere dunkle Empfindung und Wunſch aufſtieg, zu verſuchen nämlich, ob ſie jedermann gleich heldenmüthig widerſteht?—und dieſe dunkle Empfindung fieng nun an, ſich durch ſeine Unruhe immer mehr zu erklären.

Klariſſens ſcharfen Augen (denn, welche können ſchärfer ſeyn, als die Augen der Liebe?) konnte dieſer ſein Gemüthszuſtand nicht lange verborgen bleiben, ſie grämte ſich innerlich darüber, ohne ihren Gram jemand ſichtbar werden zu laſſen: nur ihre Freundinn allein, mit welcher ſie im Briefwechſel ſtand, war die Vertraute ihrer Leiden.

Mangel an Vertrauen, würde ohne Zweifel die Tollhäuſer bereichern, weil der verſchloſſene Gram an unſerem Herze mit doppelten Zähnen frißt; — aber die Reflexion, daß eine einzige Vertraute hinlänglich

länglich ist, unseren geheimen Angelegenheiten öffentlich den Schleyer abzuziehen, — sollte diesen Kanal, wodurch unsere Qualen abgeleitet werden, auf immer verstopfen: — sollt uns mistrauisch gegen jedermann machen, sollt uns bestimmen, daß wir, in unsere Schmerzen eingehüllt, mit verbissenen Lippen und erstickten Seufzern lieber dahin fahren, als daß wir ein Mährchen der Welt werden wollten; sobald wir offenherzig gewesen sind.

So dachte Klarisse, indem sie erfuhr, daß die Damen in der Stadt bereits ihre Glossen darüber machten, sie zum Theil bedauerten, ihr zum Theil aber auch die, wie sie sagten, übertriebene Empfindsamkeit übel nahmen: denn neben einer rechtmäßigen Gemahlin nur eine Geliebte noch zu besitzen, hielten die meisten für nichts weniger als unbillig; welche nun natürlich die Mode, auch noch in der Ehe treu zu bleiben, — sehr bisarr und altfränkisch fanden. Karoline war die einzige, die Klarissens Empfindsamkeit mit herzlichem Eifer billigte, ihr bei jeder Gelegenheit das Wort sprach, und oft den Wunsch äußerte, eine Frau näher kennen zu zu lernen, die sich nicht schämte, nach Verlauf eines ganzen Jahres zu gestehen, daß sie ihren Gemahl noch zärtlich liebe.

Sophie las mit Verstand und Gefühl. Ihre Minen markirten den Witz, die empfindsamen Züge und muntere Launen, so die Autoren hie und da zerstreuten, — dergestalt, daß ein fühlbares Herz, welches die Vorleserinn beobachtete, schon im voraus in ihren Minen lesen konnte, — was eben folgen würde. Diese Uebung solcher Seele und Herzensbeobachtung war Herlmreichen so theuer geworden, daß er ihr alle Nachmittage widmete: und Sophie war zu gefällig, um ihm dieses Vergnügen zu entziehen. Die Wahl der Bücher war stets dem innern Zustande des Herrn Helmreich analog, und es geschah eines Tages, (ob aus Kaprize oder redlicher lauterer Liebe von seiner; — ob aus Dankbarkeit oder natürlicher Neigung von ihrer Seite, ist schwer zu bestimmen,) daß sie sich bey der gewöhnlichen Vorlesung folgendergestalt einander erklärten.

Sophie las im 4. Buche der Grazien: oft hatte zwar sein Blick die kühne That gewagt, (oft Seufzer, Thränen oft, die ihm ins Auge drangen, — sein stummes Leiden ihr geklagt. — Allein, was konnte das bey einem Kind verfangen, — dem die Natur noch nichts für ihn gesagt? —

Hier sehen Sie mich zu ihren Füssen! — Sie haben dieß nicht aus diesem Buche da, aus meinem Herzen haben sie es gelesen, — aber ach, mir zugleich den Stab gebrochen, — wenn ihnen noch nichts die Natur für mich gesagt. Sophie erschrack darüber, oder that doch, als ob sie erschrocken wäre: — — denn warum sollte sie im Grunde darüber erschrocken seyn? Der Schrecken folgt nur der Ueberraschung nach, und welches Frauenzimmer wäre so hölzern, um nicht sich liebenswürdig zu dünken? und welches könnte, da es sich liebenswürdig dünket — vor einer Liebeserklärung erschrecken? — Was thun sie? um Gottes Willen! — stammelte Sie ihm entgegen; — wofür sehen sie mich an? — Für das liebenwürdigste Frauen=

zimmer von der Welt, und — hier
seufzte er, — für das tugendhafteste.

Sophie. Wohlan, so werden sie mir
nicht zumuthen, daß ich die heiligsten Pflich=
ten verletze.

Helmreich. Welche könnten heiliger
als jene der Liebe seyn? Sie sind die
Urquellen aller Tugenden, und sie scheuen
sie? — Was müssen sie für Begriffe von
Liebe haben! Ist jene holdselige Empfin=
dung, die das Kind an die Mutter schmiegt,
dem Wohl des Freundes eigenes Wohl, sei=
nen Vortheilen eigene Vortheile opfert, dem
zärtlichen Gemüth überhaupt die süssesten
Thränen in die Augen preßt, und unse=
rer Sterblichkeit ein irdisches Paradies er=
öffnet, — ist diese heilige Empfindung
sträflich? — Oder muß sie wohl stets
die Zerstöhrerinn unserer Ruhe, die Un=
terdrückerinn des heiligen Feuers auf Hy=
mens Altären, und die Mutter der Fami=
lienzwietracht seyn? Ach Sophie, es ist
keine Alltagsliebe, die in meinem Busen
für sie lodert.

So=

Sophie. Helmreich, zwingen sie mir nicht ein Geständniß ab, das weder mich noch sie ruhiger — — und bey alle der süssen Unruhe uns doch auf keinen Fall glücklicher machen würde. Meine Dankbarkeit hat ihrer Liebe zu meinem Herzen den Weg gebahnt; — hier haben sie einen Beweis meiner Aufrichtigkeit, — verlangen sie nur nicht Beweise meiner Liebe. Bleiben sie bey dieser Platonischen Meynung, ich verehre sie, — und an meinem Zuthun soll es nicht fehlen, daß sie derselben werden treu bleiben können.

Helmreich. Sie machen mich unaussprechlich glücklich. Hier zu ihren Füssen —

Sophie. Halten Sie ein. Entweder sie werden noch einigermassen von Grundsätzen geleitet oder nicht. — Auf den ersten Fall haben sie blos mit Begierden zu kämpfen, die endlich doch auch die zärtlichste Empfindung einflößt, — und denen ich auf alle Fälle meine Tugend entgegensetzen werde, — auf den letzten Fall geben sie sich meiner Verachtung preis, die ihnen um so empfindlicher seyn wird, je mehr Dankbarkeit sie von mir erwarten.

ten. Fordern sie weiter nichts — als was ich ihnen bereits selber zur Hälfte entgegen trug, — nehmlich das Geständniß meiner Liebe ohne bösen Absicht.

Helmreich. Ich verstehe sie nicht.

Sophie. Wohlan, ich erkläre mich. Man hat Beyspiele, daß die biedersten Männer die edelsten Gesinnungen gewissen Begierden aufopferten, — die sich aus jenen edlen Gesinnungen selbst nach und nach entsponnen haben. Die Folgen der Verführung sind zu schrecklich, als daß ein Mann von Sentiments es darauf anlegen sollte. Allein eben dieser Mann, sucht doch mit dem unschuldigen Mädchen der Naivite, die sie charakterisirt, — und der blühenden Schönheit wegen, die jene reizende Eigenschaft erhöht, nähern Umgang zu pflegen, — weil dieser Umgang für ein empfindsames Herz gewiß die süsseste Nahrung ist. Jeder Blick, jedes Erröthen, jede Naivite, — kurz, jeder Zeuge ihre Neigung bringt den edelgesinnten Mann zum Entzücken; — und das gutherzige Mädchen näher zu ihrem Fall. Anfangs erröthet die sich regende Begierde des schamhaften Mädchens über die unbedeutendste Klei-
nig-

nigkeit — nach und nach wird sie mit solchen Kleinigkeiten näher bekannt; und erröthet nun nicht mehr darüber. Dieses Wetterleuchten, womit das innere Gewitter sich abgekühlt hat, — bleibt nach und nach ganz aus. Gegenseitige Dankbarkeit, gegenseitige Gefälligkeiten, gegenseitige Begierden in einem sorglosen Moment, — ach Helmreich, wie leicht ist es nicht, daß ein schwaches aus brennbaren Bestandtheilen zusammengesetztes Geschöpf alsdann von emporflammender Zärtlichkeit betäubt, — einen Augenblick nachzurechnen vergießt? Wenn dieses bey gegenseitiger Tugend und Sentimenten statt findet, wie behutsam muß nicht ein Mädchen seyn?

Helmreich. Sie besorgen zu viel.

Sophie. Besser, als zu wenig. Ist einmal durch List, Gewalt oder eigene Schwäche die weibliche Sittsamkeit gesprengt, so wird sie, wie sich ein witziger Skribent ausdrückt, offene Herberge für alle unreine Thiere. Es ist um ihr Glück gethan. Schamlosigkeit und verachtungsvolles Alter sind ihres Fehltrittes unausbleibliche Strafe.

Helm=

Helmreich. Bey einer so strengen Regel, Sophie, wundert es mich freylich nicht, daß man sie verehrte, — und verschonte. Allein ob diese strenge Regel die Quelle menschlicher Glückseligkeit ausmache: ob in unserem verderbten Zeitalter diese mit allen heiligen Grundsätzen in Collision stehende Denkungsart, — sie nicht zu weit von den feinern Zirkeln entferne, — ob der wahre, und, wenn es klug angefangen wird, dauerhafte, der weiblichen Ehre unschädliche Genuß, solchen monachalischen Sophistereyen nicht vorzuziehen sey; ob mit diesem Romansinne ein Frauenzimmer — in welchem Verhältnisse es auch sey, zufrieden leben könne, ob ihrem künftigen Ehemanne selbst mit einer so belästigenden Treue sonderlich gedient seyn werde; ob einst nicht alle seine Freunde und Bekannte, an eine andere Lebensart gewöhnt, — sein Haus fliehen dürften? — sind wichtige Fragen, die sie sich selbst beantworten müssen. Ich liebe sie, und Sie, wenn Sie wahr geredet, sind mir nicht ungeneigt: Welche Aussicht, unseres Lebens zu geniessen, ohne von der Ehrfurcht, die dem Frauenzimmer gebührt, auch den

Schat=

Schatten nur zu veräußern. Ein kluger Genuß behält immer den Schein der enthaltsamen Tugend, dieser Seelenausjährung, die in unseren Zeiten, selbst im Ehekontrakte, nicht höher als eine taube Nuß angesetzt wird. Zu ihren Füßen noch einmal göttliches Mädchen!

Klarisse trat eben hinzu. Sophie wollte sich entfernen, allein die Frau von Helmreich hielt sie fest, und bat mit gelassenem Tone, auch ihr die schöne Stelle vorzulesen, welche auf ihren Gemahl einen so starken Eindruck machte. Herr von Helmreich verließ das Zimmer, ohne seine Gemahlin eines Blickes oder eines Wortes zu würdigen. Klarisse vom innern Schmerze übermannt, sank in einen Lehnstuhl, und sprach mit bebender Stimme zu Sophien, die sie noch bey der Hand fest hielt: Undankbare!—was haben sie gethan? Sophie, so unschuldig sie war, vermochte zu ihrer Entschuldigung kein Wort hervorzubringen. Sie riß sich von Klarissen, und floh. Jedes schloß sich in eigenes Zimmer ein, — und scheuete dem andern zu begegnen.

Es

Es verflossen bereits 8 Tage, ohne daß Klarisse, weit entfert, daß es zu einer Erklärung gekommen wäre, von ihrem Gemahl angesehen wurde. So zu Mittag, so Abends, so Morgens.

Unverhofft meldete sich ein junger Kavalier an, der mit Klarissen, wie er es frey heraussagte, ihres Ruhms wegen, der sich in der ganzen Stadt von ihr verbreitet habe, bekannt zu werden wünschte.

Er bat ihren Gemahl, sich auf seinem Landgute einige Tage verweilen zu dürfen; und dieser, — so verplüft er darüber wurde, — so gerne er ihn zum Zimmer herausgeworfen hätte, versicherte mit einer Mine, die man nur durch die Tartur erpreßt, — daß er sich eine Ehre daraus machen werde.

Der junge Herr scherzte unaufhörlich mit Klarissen. — Ihr Gemahl spielte den Gefälligen, so sehr auch seine Eifersucht an seinem Herzen nagte. Er war aufs äußerste gebracht, als er am zweyten Tage bereits bemerkte, daß sein treues Weibchen — dem lieben Jungen freyes Feld lasse.

Der

Der Kavalier trieb es soweit, daß er in seiner Gegenwart Küsse von Klarissen verlangte, und Klarisse fragte sehr naiv ihren Gemahl, ob er es erlaubte? Er spielte den Gefälligen und knirschte mit den Zähnen.

Den dritten Tag nahm er sichs vor= ihr die abscheuliche Aufführung vorzuhal= ten, und den jungen Kavalier fort zu schaf= fen. Er dachte nun nicht mehr an So= phien, und schwur bey sich selbst, nie wieder an ähnliche Ausschweifung zu den= ken, um nicht die Rechte eines Ehemannes zu vergeben, und sich selbst zum Gecken zugleich zu machen.

Des Morgens also am dritten Ta= ge nahm er sich den Muth sein Weib zur Rede stellen zu wollen. — Er trat mit hastigen Schritten in ihr Cabinet, und, welch ein Entsetzen! Klarisse — war ver= schwunden. Der junge Kavalier hatte die= se tugendhafte Dame bey der Nacht ent= führt.

Helmreichs Wuth war unbeschreib= lich. Er ließ sie allen, und am meisten So= phien, die ihn trösten wollte, entgelten; schwur Rache zu nehmen, und den Ver=

räther

räther sowohl als die Ungetreue zu ermorden.

Sogleich wurde ein Roß gesattelt, ein Säbel umgürtet, und den Flüchtlingen nachgesetzt.

In der nächsten Herberge machten die Leichtsinnigen Halte; ließen sich wohlthun, und schmaußten mit allem Appetit auf einem Extrazimmer, als eben der rasende Othello mit gezücktem Säbel, sobald er den Wagen des Kavaliers erkannte, und die nähere Nachricht von der Wirthinn einholte, — zu ihnen trat, und zuerst auf seine Frau losstürmte, die ihm zu Füssen fiel, und mit einem: Ach Jesus Maria! seinen Vorsatz, sie zu morden, entwaffnete.

Der Kavalier zog in dem nehmlichen Augenblick eine Pistole hervor, und zielte ihm damit gerade auf die Stirne zu. " Halt ein Rasender,, rief der Verführer, und höre zuerst, was ich dir zu sagen habe. Deine Gemahlin liebte dich auf das zärtlichste. Sie war für dein Leben besorgt — und wagte deshalb ihr Eigenes, dich zu erhalten. Und du, Undankbarer, nachdem sie Empfindsamkeit, Gefühl und

edle

edle Gesinnungen dir einflößte, dich eines
beffern Lebens zu genießen lehrte, — ver-
schmähteſt du ſie, und überhäufteſt ihr zärtliches Herz mit den marterendſten Qualen?
Dieſes bewog mich, ſie zu entführen, und
ihr Leben durch zärtliche Ergebenheit zu
verſüſſen. Du verdienſt Strafe und ſie
ein beſſeres Schickſal.

Helmreich. Wie? Schandbube! —
du darfſt deine Laſter mit meinem Fehl-
tritt entſchuldigen? Es iſt wahr, die Tugend Sophiens reizte mich, ſie auf die
Probe zu ſetzen. Sie beugte meiner Zu-
bringlichkeit aus, und ich empfand in dem
erſten Augenblicke, da mich Klariſſe über-
raſchte, — daß ich verbrochen habe,
und daß ich Thor! mein Weib liebe, deren Vorwürfen ich acht Tage hindurch aus-
gewichen habe. Ich hielt ſie für tugendhaft; nun aber ſah ich, daß ſie eine
ſchamloſe Heuchlerinn ſeye, — die ich
ſtrafen will, wie ſie es verdient. Ha!
Weiber, — wenn ich noch jemals euerer
zärtlichen Treue traue, ſo will ich ins Toll-
haus mich einſperren laſſen. — Wenigſtens
werd ich da von keiner Schlange mehr
ſo leicht geſtochen werden können: von

einer

einer Schlange, die ich für einen Engel hielt. — —

Der Kavalier. Ich sehe an deinem Eifer, guter Freund, daß du dich noch bessern werdest, — daß du Klarissen noch liebst; — und daher will ich sie dir, so theuer sie mir auch ist, — mit wundem Herzen abtreten.

Helmreich! Nimmermehr! behalte sie, dieses treulose Weib, welches du, — Du vielleicht auch nicht der erste, — entehrtest. Ich habe mich eines besseren besonnen: ich wollte sie morden — — ha ha ha! ich Thor! ich hätte sie verachten sollen! Behalte Sie! —

Kavalier. Das gefällt mir Helmreich! — Sie sollen ihre Gemahlinn wieder haben. — — Denn dieser meine bläulichte Bart, diese meine braunlichten Wangen — sind nur angestrichen. — Ich wollte sie durch diese Entführung nicht trennen, sondern vereinigen. — Ich bin ein Weib, welches von ihrem Gemahl zärtlich geliebt wird, und keine Tugend höher schätzt, als eheliche Treue. Zweifeln sie nicht an dieser Tugend ihrer Gemahlinn, und — wenn sie im Bewußtseyn derselben in ihren Armen

men und aus ihren Mienen die Himmels=
freuden einschlürfen — so erinnern sie sich
dabey an mich, an ihre und ihres Weibes
Freundinn, — an Karolinen.

Helmreich. Ist es möglich! — ver=
zeih mir liebes Weib, verzeihen Sie mir,
Gräfinn; ich bin beschämt, ich bin glück=
lich! — ich verstumme, wo ich nicht be=
redt genug seyn sollte, den Zustand
meines Herzens auszudrücken. Ach, mein
liebes, treues, zärtliches Weib!

Klarisse lag sprachlos in seinen Ar=
men; und Karoline schmeckte das Vergnü=
gen zärtlicher Thränen.

Wie? fragen die ungedulbigen Le=
serinnen, wie? Herr Author! Ist diese
Karoline noch immer die nehmliche Ka=
roline, welche kurz zuvor mit einem be=
günstigten Liebhaber aufgetreten ist?

„Ja allerdings, eben die!

Ei, es ist doch etwas sehr ra=
res — ein Weib von diesem Schlage.
Zugleich ein Missionär und Advokat ehli=
cher Treue! — Ei! das ist ja eine
ganz besondere Charakterinvention, Herr
Author!

„Noch

„ Noch einmal, liebenswürdige Leserinnen, gedulden ſie ſich; und beherzigen Sie, bis zur Vollendung des ganzen Gemäldes, den Wahlſpruch, unter welchem ich ihnen Karoline bekannt machte: Honny ſoit qui mal y penſe!

Ueber die noble Erziehung unsers Jahrhunderts.

In einer merkwürdigen Stadt Deutschlands wurde von nichts als Erziehung gesprochen, über nichts als Pädagogie rabotirt, geschrieben, räsonnirt und gewitzelt.

Dieser Ton ward von dem hasigen Regierer angegeben, der einen Prinzen von 5 Jahren auf das beste und kunstmäßigste zu erziehen wünschte.

Man schlug Sr. Durchlaucht zu pädagogischen Gehülfen allerley — Engländer, Franzosen, Irländer, Italiäner und Deutsche, vor: denn wo ein Hofmeister abgeht, da melden sich so gleich Vagabunden aus allen Nationen an. Allein der Fürst arbeitete noch an dem wohlweisen Erziehungsplane für seinen Nachfolger, so zwar, daß er noch bey sich selbst nicht einig war, ob er ihn nach Lockens Systeme, oder nach dem Modelle des Rousseauschen Aemils zustutzen lassen soll? folglich konnt er auch noch keinen Hofmeister wählen.

Der geheime Rath Rosenhuld blieb, so oft der Fürst auch seinen Unwillen darüber be=

bezeugte, bey der höchst paradoxen unvorgreiflichen Meynung: es sey in der Welt nichts leichters als Kinder und besonders Prinzen zu erziehen. Man hätte dabey unmaaßgeblich zuerst nur und vorzüglich auf das Phisische zu sehen. Der moralische Charakter entwickle sich von selbst; lasse sich höchstens nur veranlaßen, aber nimmermehr bearbeiten. Alles muß Ihnen von den gedungenen Informatoren nur spielend beygebracht, und auf solche Art die Lust in ihnen erwecket werden, diejenigen Fächer, wozu sie sich besonders geneigt fühlen, bey reiferen Jahren, und wenn ihre phisische Konstitution stark genug dazu ist, zu bearbeiten. Die Viellernerey in der frühesten Jugend tauge nichts: denn man hätte tausend lebende Beweise, daß die großen Herren, die in ihrer Kindheit die schönsten Sächelchen aus allen Fächern der Wissenschaften und Künsten alle Quartale den zur Prüfung versammelten Gästen herzurezitiren wußten, nach der Hand die größten Ignoranten und Dummköpfe geworden wären; dagegen Leute, die in ihrer Kindheit nichts gelernt haben, weil ihre Eltern entweder zu dumm

oder

oder zu arm gewesen wären, hätten in reiferen Jahren die gelehrtesten Kinder weit hinter sich zurückgelassen; und wären nach Maaßgabe ihrer phisischen Kräfte und ihrer besondern Neigung die ersten Köpfe Europens geworden. Sogar Religion und Grundsätze müßten bey den Kindern nur veranlaßt und nicht eingepredigt werden.

Apropos! Rosenhuld, unterbrach dieses einfältige Raisoniren über die Pädagogik, davon Ihre Durchlaucht gar wunderlich= kunstmäßig= systematische Begriffe hatten, der Fürst den paradoxen geheimden Rath. —

Leider, daß unser Jahrhundert alle Dinge über einerley Leisten spannt, alles systematisirt, und selbst der Pädagogik — — ich verstehe das Wort nicht: gewisse Regeln vorzeichnet — auf die alles zurückgeführt werden soll, und die doch hierfalls so mancherley seyn müßten, als das gesammte Menschengeschlecht.

Jedes Individuum erheischt ein eigenes System, (wenn ihr ja Dinge, die so ganz zufällig sind, sich nicht vorhersehen lassen, so ganz von selbst kommen müssen, System nen=
nen

nen wollt;) dachte der geheime Rath Rosenhuld.

Der Fürst, dems nicht einleuchtete, und der, sobald Rosenhuld den Mund aufthat, über Pädagogik seine unmaßgeblichen Gedanken zu eröffnen, ihn, wie schon oben geschah, unterbrach, redete ihn itzt also an und sagte: A propos, Rosenhuld! Ich höre, dein Pudel besitzt ausnehmende Geschicklichkeit? Aber, ich höre zugleich (du nimmst mir doch meine Aufrichtigkeit nicht übel?—) Doktor Modenach besitze einen Pudel, der noch weit geschickter sey, als der deinige? Von jenem des Doktors Modenach hat man mir ganze Wunderdinge erzählt: von dem deinigen hab ich nur ein Wort im Vorbeygehen gehört. Ich muß heut noch die Künste dieser beyden Pudel und zwar nach der Tafel in meinem Lustgarten sehen. Hörst du, Rosenhuld! — "Euer Durchlaucht befehlen.„

Sogleich wurde es dem Doktor Modenach angekündigt, daß der Fürst auf diesen Nachmittag das Examen rigorosum für seinen vielgeliebten Pudel bestimmt habe. Der Doktor erschien pünktlich mit seinem vierfüßigen Eleven, und eh noch der öffentliche

liche Akt, eh noch das Pudelexamen begann, versicherte der Doktor in einer zahnarztmäßigen Eloge, daß sein Pudel alle Kenntnisse besitze, deren sich die hochadeche Jugend, französische Sprache ausgenommen, nur immer rühmen könnte.

Der Doktor ließ sonach seinen Pudel aus einem wirbelnden Wasser verschiedene zu Boden gefallene Steine holen; verlohrenes Schnupftuch wiederfinden, mit vielem Anstande aufwarten, auf einem Pferde von Holz reiten, Complimente nach der neueste Fazon schneiden, Küsse — mit der Artigkeit einer französischen Theaterprinzeßinn austheilen, auf einem besonders dazu erfundenem Instrumente eine harmonische Melodie hervor bringen, die Zahlen von eins bis zehn in den Sand kratzen, und sogar seinen eigenen Namen, er hieß Hilax, unterschreiben. Allein, bey allen diesen schönen Wissenschaften und Künsten war der Pudel sehr falsch und biß seinen eigenen Wohlthäter und Lehrer zuweilen. Man durfte sich diesem Belletristen nicht nähern, ohne von seinen Zähnen verwundet zu werden.

Wahr=

Wahrhaftig, rief der Fürst ganz entzückt, dein Pudel präsentirt sich wie ein Kavalier, und (als er den in den Sand gekratzten Namen Hilax erblickte) — besitzt, sprach er, Kenntniſſe, die zu einem Präsidenten erfordert werden. Dein Hund gefällt mir Modenach — du sollst (Er bewundert noch immer seine Minister Handschrift) — für deinen Hilax 1000 Gulden haben.

Der Pudel des geheimen Raths Rosenhuld, der zugegen gewesen, sah aufmerksam jenem gelehrten Pudel zu, — guckte dann wieder seinen Herrn an, und wieder den Pudel, und schüttelte mit dem Kopf: ob aus Bewunderung oder Medisanze? — weis ich nicht.

Aber lieber Doktor, sagte der dahingerissene Fürst, wie? erklär mirs, um alles in der Welt willen, wie hast dus angefangen, daß du deinem Pudel so viel Wissenschaften und Künste beygebracht und ihn so gründlich gelehrt hast? Der Teufel, über deinen Hilax — was er für eine noble Erziehung bekam! Er präsentirt sich schön, er reitet nach der Kunst, er spielt wohl sogar Ombre, — er traktirt ein musikalisches Instrument; er weis die Anfangsgründe aus der Algebra,

bra, er tanzt, und er unterschreibt seinen Namen! Weis Gott, — man darf von einem Grafen, der angestellt werden will, nicht mehr verlangen! Aber wie, sag an, wie hast du es damit angefangen?

Ich hab, erwiederte Doktor Mobenach, das Luder geprügelt, daß es des Teufels hätte werden mögen; hab ihm nichts zu fressen gegeben, es mit Füssen getreten, und ihm kurz, durch tausenderley Qualen alle diese schönen Künste und Wissenschaften eingejagt.

"Du bist der wahre Hofmeister,„ dachte Rosenhuld. Sein Pudel konnte sich indessen an den Künsten und Springen des geschickten Hilax nicht satt sehen, guckte aber dabey stets wieder seinen Herrn an, und schüttelte den Kopf. „ Dieß bemerkte endlich der Fürst, und lachte. "Dein Pudel, Rosenhuld, scheint ein Kritiker zu seyn, welche bekanntlich über alles spotten — weil sie selbst nichts wissen. Oder laß doch sehen, was dein Pudel für ein Hexenmeister ist? Wie heißt er?„

"Er heißt Pilades,„ "Pilades?— das ist ja, wenn ich nicht irre, fuhr der Fürst weiter, der Name eines sehr zärtlichen
Freun=

Freundes? Das ist mit Recht, erwiederte Rosenhuld, der Name meines Pudels.

Nun so laß ihn auftreten, deinen Pilades.

"Hier, auf diesem Platze da kann er von keiner seiner vielen guten Eigenschaften die Probe ablegen ——— als allenfalls davon, — daß er eben so gut, wie Hilax schwimmen, und aus dem Wasser holen kann. Allein, wir wollen mit meinem Pilades, wenn es Ihro Durchlaucht beliebt, nach dem nächsten Dorfe spazieren gehen, vieleicht wird sich ihm eine Gelegenheit darbieten, ihre gnädigste Aufmerksamkeit zu verdienen. Sie giengen. Vor dem Dorfe, (es war eben die Kirchmesse da gefeyert worden) saß ein Knabe, der an einem Stücke Braten nagte. Als er die Herren und den großen Pudel Pilades erblickte, lief er über Hals und Kopf nach dem Dorfe zu, und ließ vor Schrecken seinen Braten fallen.

"Pilades! rief Rosenhuld, und winkte ihm. Pilades faßte den Braten manierlich an, stellte sich dem beängstigten Knaben in den Weg, und hielt ihm diesen seinen verlohrnen Braten so lange vor,

bis

bis der Knabe sich erholte, und denselben wieder annahm. Er rieß vor Freuden ein Stück davon ab, und warf es ihm vor, der Hund sah sich nach seinen Herrn um, der mit dem Kopfe nein winkte; und Pilades kehrte zurück, ohne das ihm angebotene Geschenk anzunehmen.

Der Fürst stutzte.

In wenig Secunden darauf hörte man ein Geschrey und ein erschreckliches Gebelle. Man sah sich um, — es war weiter nichts, als, daß ein kleiner Hund aus dem Dorfe dem Knaben den nehmlichen Braten raubte, ein anderer großer Pommer sogleich über den kleinen herfiel, ihn, weil er sich wehrte, zu Boden warf, und würgte. Pilades, ohne daß sein Herr ihn es geheißen hätte, sprengte auf den Würger los, packte ihn auf eine kunstmäßige Art, bey den Ohren, daß er schrie und winselte. Nachdem er ihn dergestalt bestrafte, leckte er die Wunden des kleinern sich unter ihm windenden Pommers aus, und trug endlich den Braten dem weinenden Knaben zum zweytenmal zu, welcher ihn nunmehr freundlich streichelte, ihm den ganzen Braten hinreichte und Pilades?

labes? — sah sich nach seinem Herrn um, der mit dem Kopf nickte, und er also auch den Braten willig annahm. Der Fürst drückte in allen seinen Minen Bewunderung und Wohlgefallen aus.

Sie giengen weiter und befanden sich eben von zween Bächen umgeschlossen, als ein Hase aufsprang, und sich vor Todesängsten in den nächsten Bach stürzte, darinn er Gefahr lief, umzukommen. Pilades flog ihm pfeilschnell nach, trug ihn aus dem Wasser heraus, hielt ihn bey Ohren, bis er seines Herrn Befehl vernehmen würde — und weil jener mit dem Kopfe schüttelte, so ließ er den Hasen laufen.

Als nun Pilades zurückgekommen war, setzte sich sein Herr in eine feindselige Positur gegen den Fürsten und sprach im rauhen Tone, als ob er mit ihm zankte. — Die Wuth leuchtete sogleich dem Pudel aus den Augen; Er blickte und richtete seine feuersprühenden Augen auf die rechte Hand des Fürsten: so, daß dem Fürsten vor dem grimigen Pudel Angst wurde. Rosenhuld nimt die Mine der Freundschaft wieder an, reicht dem Fürsten die Hand, thut

als

als ob er ihn umarmte, und Pilades leckt, mit dem Schweife wädelnd, den Staub von des Fürsten Füssen.

Der Fürst erstaunte.

Sie giengen nach Hause, und unter Wegs stieß ihnen eine Kuppel Hunde auf, die sich um eine schöne Hündinn bewarben. Pilades, der, wie alle guten Gemüther, sehr leicht verliebt wurde, erklärte den Drang seines Herzens durch ein kläglisches Winseln, und, so stark sich auch diese Leidenschaft seiner bemächtigte, sah er doch zuerst seinem Herrn ins Gesicht, — und weil dieser mit dem Kopfe ein gebieterisches Nein schüttelte, ließ der unglücklich verliebte Pilades seine Ohren sinken, und folgte ruhig seinem Herrn nach, ohne sich weiter nach dem schönen Fräulein umzusehen.

Wahrhaftig, rief nun der Fürst gerührt, Pilades ist seines Namens werth. Er wagt alles, und opfert den besten Genuß sogar für seinen Freund auf. — Du sollst dir 2000 Gulden für ihn auszahlen lassen, — und Pilades soll nie von meiner Seite kommen.

Rosenhulb that nach des Fürsten gnädigstem Willen.

" Wie hältst du ihn zu Hause? Was giebst du ihm zu fressen?

Ich, antwortete Rosenhulb, halte ihn, wie meinen Freund, streichle ihn, und liebkose ihm, und geb ihm, was ich selbst habe. Er hat nie einen Schlag von mir bekommen, und er hat nie einen verdient. Alles was er that, that er mir zu Lieb. Indessen hab ich stets mässig gelebt, zwo bis drey Schüsseln waren immer noch meine ganze Mahlzeit, und mein Pudel begnügte sich auch damit.

Der Fürst überhäufte nun seinen Pilades mit tausend Schmeucheleyen und Leckerbissen, aber demungeachtet ward und blieb Pilades melancholisch; verlohr allen Appetit, winselte unaufhörlich und verkroch sich. Als er eines Tages die Thüre offen fand, nahm er die Flucht, und kehrte zu seinem Herrn zurück.

Rosenhulb besuchte hernach den Fürsten und sprach: Hier gnädigster Herr, bringe ich die 2000 fl. wieder, welche Sie mir für meinen Pudel auszahlen liessen. Ich schäme mich, so oft ich ihn
an=

anſehe, die Undankbarkeit, daß ich ihn habe
verkaufen wollen. Gut, daß er davon
keinen Begriff erlangen kann, er müßte
mir ſonſt Feind werden. Er wagt: oft
ſein Leben, mir Vergnügen zu machen.
Er wachte ſtets in der Nacht zu meinen
Füſſen, und ich bin verſichert, daß derje=
nige, der mir leids thun wollte, erſt ihn
erſchlagen müßte. Auch hat er ſich mit
keinem Leckerbiſſen beſtechen, und mir, wo
er doch keine ſo gute Mahlzeit findet, abwen=
dig machen laſſen. Eine ſolche Treue ſollte
mir für keinen Preis feil geweſen ſeyn.
Wie wohl iſt ihm, daß dieſe ſeine Tem=
peramentstugenden von den Reflexionen
der Vernunft nicht verführt werden können.

Roſenhuld, ſprach nun der Fürſt,
du darfſt nicht über meinen Einfall lachen.
Es iſt wahr, nichts leichter in der Welt,
doch auch nichts ſchwerer, als Kinder und
Prinzen zu erziehen. Behalte die 2000.
fl. und Pilades; — ſey aber von heute an
der Erzieher meines Sohnes.

Wenn ich es jemals erlebe, daß er ſoviel
kann, als dein Pilades, ſo will ich deinem
Andenken ein ewiges Denkmaal ſetzen.

N   Ro=

Rosenhuld. Euere Durchlaucht dürfen darauf rechnen, wofern der Prinz noch ein eben so unverdorbenes Herz hat, als Pilades: und wenn ihm, was ich des ehestens versuchen will, dieser Pudel gefällt, so ist nicht weiter daran zu zweifeln. Er soll ein guter und vernünftiger Mensch werden: ob er aber gelehrt werden wird? —

Der Fürst. O laßt doch die Fürsten und alle große Herren lieber gut und vernünftig als — gelehrt seyn.

———

Wie leicht es Rosenhulden war, den Prinzen zu erziehen, werden die Liebhaber der Pädagogik im Verfolg dieses Werkes noch, wo Gott will, finden.

Fürstliche Charakterzüge. a)

Im Jahre 1778 ließ der liebenswürdige Herzog von Würtenb rg bey Gelegenheit seines Geburtstages ein Manifest ergehen, dessen Wesentliches mehr als einmal abgedruckt zu werden verdient. So sprechen selten regierende Fürsten! —

" Da Wir ein Mensch sind, und unter diesem Wort von dem so vorzüglichen Grad der Vollkommenheit beständig weit entfernt geblieben, und auch inskünftige bleiben werden, so hat es nicht anders seyn können, als daß theils aus angeborner menschlichen Schwachheit, theils aus unzulänglicher Kenntniß und anderen Umständen sich viele Ereignisse ergeben, die, wenn sie nicht geschehen, sowohl für itzt, als für das künftige eine andere Wendung genommen hätten.

Wir bekennen es freimüthig; denn dieß ist die Schuldigkeit eines Rechtschaffenen,

und

---

a) Auszug aus den noch viel zu wenig bekannten Briefen eines reisenden Franzosen durch Deutschland an seinen Bruder zu Paris M. D. CCLXXXIII.

und entladen uns damit einer Pflicht, die jedem Rechtdenkenden, besonders aber den Gesalbten der Erde, immer heilig seyn und bleiben muß. Wir sehen den heutigen Tag (es war sein 50ter Geburtstag) als eine zweyte Periode unseres Lebens an. Wir geben unseren lieben Unterthanen die Versicherung, daß alle die Jahre, die Gott uns noch zu leben fristen wird, zu ihrem wahren Wohl angewendet werden sollen. — Würtenbergs Glückseligkeit soll also von nun an und auf immer auf die Beobachtung der ächtesten Pflichten des getreuen Landesvaters gegen seine Unterthanen, und auf dem zärtlichen Zutrauen und Gehorsam der Diener und Unterthanen gegen ihren Gesalbten beruhen. Ein getreuer und rechtschaffener Unterthan bedenke, daß das Wohl eines ganzen Staates oft dem Wohl eines Einzelnen voraus gehen müsse, und murre nicht über Umstände, die nicht allemal nach seinem Sinne seyn können. Wir hoffen, jeder Unterthan wird nun getrost leben, daß er in seinem Landesherrn einen sorgenden getreuen Vater verehren kann. Ja, Würtenberg muß es wohl gehen! Dieß sey in Zukunft und auf immer die Losung zwischen Herrn, Diener, und Unterthanen.

Der Herzog ist nun ganz Philosoph, stiftet Schulen und besucht sie fleißig; treibt Landwirtschafft, ist sogar oft beym Kühemelken; schützt Künste, Wissenschaften und Handlung, errichtet Fabriken; und lebt wirklich blos, um das wieder gut zu machen, was er allenfalls verdorben hat.

Sein feuriges Genie riß ihn zu dem Aufwand für Pracht und Sinnlichkeit hin, wodurch er sich in ganz Europa berühmt gemacht. Der Ton der damaligen Zeiten; die Beyspiele anderer Höfe: als des Sächsischen und Pfälzischen, den Italiänischen Geschmack, den er auf seinen Reisen annahm, die Verführung seiner Bedienten, worunter sich die Franzosen besonders hervorthaten, und verschiedene andere Umstände gaben diesem Genie vollends eine falsche Richtung. Die Schulden häuften sich. Man suchte Hülfe in neuen Auflagen; die Landstände sträubten sich dagegen, und ertrotzten endlich eine Komission vom kaiserlichen Hofe. Man soll gegen 16 Millionen Schulden vorgefunden haben. Die bösen Rathgeber wurden vom Herzog entfernt. Unterdessen wurd auch an den meisten Höfen ein gewisser philosophischer und wirthschaftlicher

cher Ton herrschend. Sogleich entscheidet sich das Genie des Herzogs mit eben der Wärme, womit er zuvor an der wollüstigen Pracht hieng, für die gute Sache. Die Gräfin von Hohenheim, ehemals Frau von * *, ist unter der Menge Frauenzimmer, die der Herzog kennen lernte, die einzige, die mit ihm sympathisiren, und ihn fexiren kann. So geschah die Veränderung, worüber die Patrioten im Würtenbergischen entzücket sind, und die noch die spätesten Enkel segnen werden. — Weh dem Manne, der darüber witzeln und spotten kann! —

Ich werde noch öfters Gelegenheit haben, diese Briefe zu plündern, um sie bekannter zu machen. Sie verdienen der Redlichkeit wegen, womit die wichtigsten Fakta, aus der Periode der letzteren Hälfte unseres Jahrhunderts, an einander gereihet sind, in allen Händen der deutschen Patrioten zu seyn.

Karoline.

Sophistereien über die Ehe, und Maximen unseres Jahrhunderts.

Karoline erzählte eines Tages ihrem geliebten Friedrich die wichtigsten Begebenheiten ihres Lebens, die er, des Reizes ihrer Sophistereien wegen, womit sie ihre Erzählungen würzte, für merkwürdig genug hielt, sie sorgfältig aufzuzeichnen, und ich — wegen künftig heilsamen Widerlegungen derselben, solche abdrucken zu lassen.

Karolinens Namen und Wohnort werd' ich ewig verschweigen, und Sie wird es mir nicht übel nehmen, in der besten Absicht von verschiedenen Anekdoten aus ihrem Leben, und von ihren witzigen Einfällen Gebrauch gemacht zu haben.

Meine Mutter war, nach dem Berichte ihrer Freudinnen, (— denn ich selbst kannte ssie noch zu wenig, als sie starb, so begann die schöne Sophistinn ihre Erzählung) das liebenswürdigste Weib von der Welt. Sie hatte einen hinläng-
lichen

lichen Verstand, viele, für wahr angenommene Dinge, als Irthümer zu verwerfen, und soviel Herz, denen von ihr, und nur für sich selbst anerkannten Wahrheiten, als Grundsetzen zu folgen. Sie verwaltete, weil sie das Unglück hatte, einen sehr einfältigen Mann, es thut mir leid, daß ich es von meinem Vater gestehn muß, zum Gemahl zu haben, auf die klügste Art ihr Vermögen: wußte gesunde Bettler zu beschäftigen, und kranke oder unvermögende sehr menschenfreundlich zu beschenken. Man nannte Sie gewöhnlich die kluge Wohlthäterinn, und man beneidete sie darum nicht: allein sie wurde zugleich stets von den liebenswürdigsten Männern angebetet, und d a r u m beneideten Sie alle Weiber.

Ich konnte nicht begreifen, wie eine so tugendhafte Frau sich von so vielen Männern habe anbeten laßen, und so sehr in der Liebe ausschweifen können: — weil ich von der Ausschweifung keinen richtigen Begriff hatte. Die Tugend meiner Mutter reizte mich, ihren Schwachheiten nachzudenken, und ich bin nun überzeugt, daß ein gewisser Wechsel in der Liebe, weit entfernt eine Ausschweifung zu

seyn,

seyn, in manchen Verhältnissen sogar Pflicht werden könne, wodurch dann das Wort Ehebruch in der Sprache der Menschen ein sinnloser Begrif wird, und selbst denen Völkern, wo er gebräuchlich ist, unverständlich! Sie lachen, Graf? Haben Sie es noch nie bemerkt, daß nicht die Menschen alles verstehen, was sie — durch viele Jahre bieß oder jenes so oder anders zu nehmen gewohnt, zu verstehen glauben?

Friedrich. Sie leugnen also ernstlich die gesellschaftlichen Pflichten, Gräfinn, um die Schwachheiten ihrer verstorbenen Mutter zu kanonisiren? Eine ganz neue Art Kindesliebe, die man ihnen doch wohl nicht im Kloster, wo sie erzogen wurden, beygebracht hat?

Karoline. Ja, lieber Friedrich, eben da.

Friedrich. Wie? im Kloster? Wo, wie Sie mich selbst versicherten, kein Quentchen menschlicher Vernunft zu finden war? Wo, wie sie scherzweise oft hinzusetzen, nicht nur die Nonnen weit ungeschickter als andere Menschen, wo selbst sogar die Hunde und Katzen dümmer als andere Hunde und Katzen

Katzen gewesen sind, und dort hätten Sie ihre Sophistereien (— Ihre Philosophie ist zu sagen —) aufgelesen?

Karoline. Ja, dort lieber Friedrich.

Friedrich. Auch dieß ist eines ihrer liebenswürdigen Paradoxen.

Karoline. Sonderbar, daß sie dieser Sophistereien, dieser Paradoxen spotten, von welchen Sie doch allein ihr Glück erwarten dürfen. — Pfuy! was sind Sie für ein Liebhaber! Genug davon! Nun Graf, es nimmt sie Wunder, daß ich in den heiligen Mauern der Dummheit und Leichtgläubigkeit meine Begriffe vermehrte und berichtigte? Kennen Sie die Macht des Skeptizismus nicht? Und, was kann wohl diesem eine gedeihlichere Nahrung verschaffen, als der Umgang mit Einfältigen, welche die ungereimtesten Dinge für Wahrheiten und Schwärmerey für Tugend halten? Mein sanguinisches Temperament prüfte nun, seiner natürlichen Flüchtigkeit gemäß, diese Dinge freylich nicht, — und da sie mein natürlicher Verstand, mein Mutterwitz (— dieses vornehmste Geschenk des Himmels, ohne welchem Newtone

ne und Alemberts *) Narren geblieben
wären, nicht für wahr annehmen konnte,
so nahm er gerade das Gegentheil dafür
an; und die Bewunderung, welche meine
witzigen Einfälle lohnte, ist ein mächtiger
Sporn eines reifern Nachdenkens ge=
wesen.

Einer der wichtigsten Gegenstände,
der meinem Forschen am meisten zu thun
gab

---

*) Man kann ein großer Mathematiker seyn,
ohne deshalb sonderlich viel Menschenver=
stand zu haben: und die Erfahrung lehrt
uns überhaupt, daß selten einer davon
zugleich auch ein respektabler Weltweise
oder Politiker gewesen ist; ja man findet
oft sogar unter den größten Mathemati=
kern formale Narren. Der Herr Ober=
konsistorialrath Silberschlag zu Berlin —
spricht auf der Predigerkanzel lauter Un=
sinn; und selbst in seiner Theogonie phan=
tasirt er stets, wo er räsoniren will. Der
große la Hän, dieser heilige Vater der
Aerzte — was für dumm und närrisches
Zeug hat er nicht von der heil. Mutter Got=
tes geschrieben? Man kann also zugleich
ein großer Gelehrter und ein großer Narr
seyn. — Anmerk. des Herausg.

gab, war die Ehe. — Was könnte auch ein junges Mädchen in der Welt mehr interessiren? Ich las verstohlnerweise (—denn ich war im Kloster) darüber nach, um mich zu überzeugen, daß ewige Liebe unmöglich ihr Wesen und Pflicht seyn könne. Denn dieß glaubt ich: weil die Nonnen und die Geistlichen das Gegentheil davon glaubten, mit welchen ich in keinem Dinge mehr, — weil sie mich in so Vielem hintergiengen, etwas Gemein haben wollte. Allein die Werke alle, so mir über diese Materie in die Hände gespielt wurden, waren dießmal, sie mochten übrigens ein noch so philosophisches Ansehen haben, — der orthodoxen Meynung der Nonnen und der Geistlichen. Ich mußte, da ich einmal schon meine eigene darüber haben, und das Gegentheil behaupten wollte, meine Einbildungskraft anstrengen, welches ich freylich nicht würde haben thun können, wenn ich damals verliebt gewesen wäre.

Friedrich. Sie machen mich äußerst neugierig, ihren Witz darüber zu hören.

Karoline. Und sie mich ernstlich böse, ihre Neugierde mit so spöttischen Mienen

nen zu erkennen zu geben. Nun? Wollen Sie nicht um Verzeihung bitten?

Friedrich. Sie wissen, daß sie mir mit dieser Beschuldigung Unrecht thun.

Karoline. Ich will es zu meiner Beruhigung glauben.

Friedrich. Sie wären also nun in Absicht der Ehe überzeugt, daß — —

Karoline. Daß unter den ehelichen Pflichten die sogenannte eheliche Treue nicht begriffen seyn könne: oder wie ich oben zur Rechtfertigung meiner Mutter (die mich noch mehr als die natürliche Neigung der Mädchen zur Ehe — antrieb, über die Ehe nachzudenken, und zu verwerfen, was andere mir hierfalls vorgedacht haben) — sagte, daß selbst ein gewisser Wechsel in der Liebe, und also die Untreue sogar Pflicht werden könne.

Friedrich. Erlauben Sie gnädigste Gräfinn, daß ich nur noch einmal lachen darf! ha ha ha — —

Karoline. Sehr unartig! Worüber lachen Sie denn so ausgelassen?

Friedrich. Ueber unsere Weiber, die sie dafür segnen werden.

Karoline. Ich zweifle. Unsere Weiber kennen die Liebe nicht, und mein ganzes Gebäude stützet sich blos auf Liebe.

Friedrich. Noch sonderbarer, wenn Liebe und Untreue mit einander bestehen sollen?

Karoline. Hier ist nur von der ehelichen und nicht von jener der wahren Liebe die Rede.

Friedrich. Desto schlimmer, daß eben diese, die durch einen Eid geheiligt.

Karoline. Sie wissen, was ich in Absicht der Eidschwüre für Meynung habe? — Ich habe sie zum Theile schon, da wir über die Maßonerie sprachen, geäußert, und hier will ich mich nur einiger Beyspiele bedienen, die Lächerlichkeit eines Schwures in Absicht auf ewige Treue und Liebe ins Licht zu setzen. Johanna I. Königinn von Neapolis verliebte sich in Andreas einen der schönsten Prinzen, die jemals die heftigsten Leidenschaften der Weiber erregt haben. Sie wurd mit ihm vermählt, — sie schwur an dem Altar diesem ihren Herzensabgott ewige Treue und Liebe: — allein, sie fand in den ersten Tagen ihrer Ehe, daß sie betrogen wurde, daß seine

übri=

übrigen Verdienste den äußerlichen Vorzügen nicht entsprechen, daß er zu wenig Mann sey, um ihr Gemahl bleiben zu können, und in einer kurzen Zeit ließ sie ihn, ihres heiligen Schwures uneingedenk, mit einem Stricke, den sie selbst aus Seide und Gold geflochten hat, erdrosseln. Eine Handlung die der moralspeiende Weltweise Montagne Liv. III. cap. V. selber entschuldigt, indem er sagt: die Unbeständigkeit sey den Weibern eher, als den Männern zu verzeihen. Sie können eben so gut als die Männer die Neigung zur Veränderung und Neuigkeit anführen, und zu alle dem noch — daß sie die Katze im Sacke kaufen. Der Landgraf von Hessen, der sich vor dem Teufel gar erbärmlich fürchtete, und dennoch zwo Gemahlinnen zugleich besitzen wollte, führte, um Luthers Genehmigung dazu zu erhalten, folgende Gründe an: daß er die Prinzessinn seine Gemahlinn niemals geliebt habe, und daß sie so eckelhaft und dem Trunke so sehr ergeben sey, daß er sich anderer Weiber nicht enthalten könne, so lang' er nur mit jener Prinzessinn allein verheyrathet sey; daß er aber doch auch nicht in die Strafe

der

der Hurer und Ehebrecher verfallen wolle, welche denselben die heilige Schrift ankündigt. Die Aerzte wissen, sezte er hinzu, die Kräfte meiner Leibesbeschaffenheit, und über dieß bin ich verbunden, öfters den Reichstagen beyzuwohnen; sie dauern lange; man ißt und trinkt dabey gut; wie könnt ich daselbst die Keuschheit bewahren?

Es können unter moralischen Zufällen eben so gut, als unter jenen phisischen viele zur Exception in der ehelichen Dauer der Liebe und Treue dienen. Der Eidschwur, treu zu bleiben, erstreckt sich nicht weiter, als auf den nämlichen Augenblick, in welchem er abgelegt wird. Der künftige kann mich in eine Lage versetzen, wo ich allen meinem Grundsetzen und der Moral aller vernünftigen Menschen entgegen handeln würde — wenn ich noch ferner treu bliebe. Statt aller andern möglichen Zufälle will ich hier nur der ansteckenden Krankheiten erwähnen, die mich von meinem Manne trennen, so bald er damit behaftet ist, und derjenigen Weiberkrankheiten, die nur der Genus der Ehe wieder kuriren würde, wenn der Gatte zum Unglücke nicht eben krank läge, u. s. w.

die

Diese Zufälle mögen nun phisisch oder moralisch seyn, die Erhaltung seiner selbst ist eine Pflicht, die alle andere aufhebt. Die Protestanten haben davon, nachdem ihnen der Landgraf von Hessen den Ton angegeben hat, keinen für die Population ungünstigen Gebrauch gemacht, indem sie die Ehescheidung bis auf Ehebruch ausdehnten. Der Eidschwur einer ewigen Liebe und Treue muß also stets auf Bedingungen gestützt werden, und folglich fällt sein ganzes Wesen zu einer blosen Cerimonie herab. Es ist zu sehr abgedroschen, von der Gemeinschaft der Weiber als Behuf zur Bevölkerung zu reden, oder der Beschwerlichkeiten der Ehe zu erwähnen; dann von den Lastern, die auf Ueberdrus folgen, und auf Zeugung der Kinder ebensowohl als Erziehung derselben Einfluß haben, zu reden. Zu sehr abgedroschen, durch die verschiedenen Gebräuche und Tugenden verschiedener Völker, die einheimische Tugend zu verlästern, sich zum Beyspiel auf der Grönländer Ehegrundsetze zu beziehen, welchen zu folge, wie der Bischof Egede sagt, die Willfährigkeit, ohne den mindesten Wiederwillen sein Weib einem andern darzulei-

O hen,

hen, für die edelste Gemüthseigenschaft angesehen wird; oder einen Blick auf das spanische Peru zu werfen, wo Trotz der heiligen Inquisiton heutiges Tages noch, sich kein Mannsbild mit einer Weibsperson verheyrathen will, die noch eine Jungfer ist. Nichts kömmt ihnen schimpflicher vor, als ein Mädchen, das noch nicht die Ehre hatte, in den süssen Geheimnissen der Schäferstunden initiirt zu werden. Dort führt auch daher der Vater aus und mit Andacht, seine Jungfer Tochter dem ersten dem besten Mönch (Santon) zu: sie — ergiebt sich ihm — und jener liebkoset sie aus bloßer Andacht und zufolge den Grundsätzen ihrer Religion. Allein alle diese und noch mehrere Beyspiele können für oder — wider die einheimische Tugend überhaupt nichts beweisen. Es ist ein elender Voltärianismus, die Gebräuche, Pflichten oder Tugenden eines Volkes mit kontrastirenden Gebräuchen eines anderen lächerlich zu machen, und als verwerflich erweisen zu wollen. Viele Millionen Menschen z. B. essen kein Brod, — sondern nähren sich von Reis: sind wir deswegen Thoren, daß wir Brod essen?

Frie=

Friedrich. Schön! Ob auch alles richtig? ist eine andere Frage. Eidschwüre, denn, was sie dagegen anführen, ist noch immer das wichtigste, können doch, deucht mich, in den Herzen der Christen (und wir leben Gottlob noch nicht unter formalen Naturalisten,) die Zahl der Bewegungsgründe zu tugendhaften Entschließungen vermehren, und die ersten Spuren einer Pflicht verletzenden Leidenschaft zerstreuen. Sie befestigen also die eheliche Treue auf alle Fälle und sind daher nothwendig. Damit hoffen sie ja nicht aufzukommen: so wenig, als mit den Zufällen der verschiedenen, besonders jener, durch die Ehe wieder zu heilenden Weiberkrankheiten —. Die ersteren der Männer flößen einer redlichen Gattinn die Verbindlichkeit der Geduld ein, die letzteren der Weiber sind zu selten, und die Kur, welche sie vorschlagen noch zu wenig als die einzig nützliche erwiesen, um sie, als Beweis gegen eheliche Treue gelten zu lassen. Sie lächeln, gnädigste Gräfin? Sie werden Mühe haben, es zu erweisen.

Karoline. Die ich mir ein andermal nehmen will. Bis dahin sey es, sie haben Recht. Ich will nun nicht weiter auf diesem Grunde, ich will darneben, auf einem ganz andern mein Gebäude aufführen. Die Moralphilosophie und die Phisiologie sind noch immer zu fruchtbar an Beweisen für meine Meynung, als daß ich es mit den schon angeführten so genau nehmen sollte, deren Stärke Sie zwar ausgebeugt, aber sie nicht geschwächet haben.

So lang unsere Neigungen unwillkührlich und sinnlichen Eindrücken untergeordnet sind, so lange durch die Augen, diese leidenschaftlichen Brenngläser, die Herzen entzunden werden, so lange bleibet auch die Moral nur eine Mutter der Reue, die von dem sündhaften Genuß geschwängert, uns dann erst weise macht, wenn unsere Sehnen schlapp geworden sind. Die größten Heldinnen, deren Namen die Geschichte mit vollen Bausbacken nennet, sind für gewisse Menschen in gewissen Augenblicken schwach gewesen: selbst heilige Nonnen, denen nie reizende Männer Schmeicheleien vorsagten, zu deren Füssen nie Helden seufzten, hatten Mühe, der Natur zu widerstehen, die doch nur in ihrer Einsamkeit blinde Kuh mit ihnen spielte. Die Königin Elisabeth, — die nie heyrathen wollte, um König und Königin zugleich zu bleiben, war davon nicht frey, und der Pabst Sixtus V., über ihre Vorzüge entzückt, sagte zu einem Engelländer: Euere Königinn regiert mit vielem Glücke. Es fehlt ihr weiter nichts, als daß sie sich mit mir vermähle, um der Welt (welch' eine Zuversicht in seine Kräfte!)) einen zweyten Alexander zu geben. Man darf darauf rechnen, daß Sixtus, wenn er zu London gewesen wäre, vorausgesetzt, daß er nicht zu häßlich war, gewißlich Elisabethens Gunst gewonnen hätte: denn die Todsünden dieser Art sind um so süsser, und folglich auch um so verführerischer, je mehr Pflichten dabey verletzet werden, dergestalt, daß eines schönen Kartheusers Seufzer gewiß eher als eines eben so schönen Weltmanns seine erhört werden, welches auf die Eitelkeit des weiblichen Geschlechts, die stets ihre Gunst nur nach dem ihm dargebrachten Opfer abmißt, gegründet ist. Die grosen Eigenschaften der Artemisia befreiten sie nicht von den Schwachheiten der Liebe. Lukretia

hielt

hielt den Genuß der Wolluſt höher als die Schande, ſonſt würde ſie, um demſelben auszuweichen, ſich vor ihrer Schändung und nicht erſt hernach, wie ſie es that, das Leben genommen haben. Sie wollte nicht mehr leben, da ſie einmal ſchon geſchändet war, — allein, ſie wollte auch nicht ſterben, eh' ſie geſchändet wurde. Semiramis, welche doch im höchſten Grade herrſchſüchtig und kriegeriſch war, war im Punkte der Liebe — die ſchwächſte ihres Geſchlechts.

Eben der Grad ihres natürlichen Feuers, wodurch ſie eine fürchterliche Heldinn ward, war der zu reichende Grund ihrer Liebesſchwachheiten. Aus der einzigen Quelle unſerer wichtigſten Handlungen, nemlich der Herzensfülle, entſpinnen ſich tauſend Tugenden und Laſter. Unter die frommen und heißen Gebete der Heloiſe miſchen ſich Seufzer ihrer Liebe. Neben der Idee von Gott, ſteigt eine andere von Abälard in ihrer Seele auf. In eben dem Augenblicke, da ſie vor jener Strafe, die denen unkeuſchen Gedanken bevorſteht, zittert, beweinet ſie, die Verſtümmelung ihres geliebten Abälards.

Fried=

Friedrich. Wie wollen Sie, liebe Gräfinn, mit allen diesen Beyspielen die in gewissen Fällen nothwendige Untreue beschönigen? Wie ihre Nothwendigkeit erweisen? Was sollen Heloisens Rasereien dazu beitragen können?

Karoline. Schänden Sie das Andenken Heloisens, dieses Schoskindes der wahren Liebe, wofern sie mein Freund sind, nicht. Ich will aus ihrer Lebensgeschichte Fakta, als Vorbereitungen zu meinem Beweise voraussschicken, nachdem ich, wie mich däucht, hinlänglich dargethan habe, daß unsere Leidenschaften unwillkührlich, und folglich auch die Verpfändung unserer Liebe auf Zeitlebens durch den Eid der Treue eine Unbedachtsamkeit sey, die niemal pflichtmäßig werden könne.

Friedrich. Sie werden mich verbinden, wenn Sie mir lieber Heloisens Geschichte, davon mir nur der schwärmerische oder vielmehr rasende Liebesbrief des Alexander Pope bekannt ist, — sey es auch mit Anwendungen auf ihr System, ganz erzählen wollen. Karolinens Gefälligkeit muß bey meinen Lesern diese Exkursion entschuldigen, welche bereits von Heloisens

sens Lebensbegebenheiten hinlänglich unterrichtet sind, — die übrigen hingegen werden vermuthlich dem Author diese schrifftstellerische Ausschweifung Dank wissen. Karoline begann folgender Gestalt.

Heloise, deren Bild unser empfindelndes Jahrhundert in Ringen, Halsgehängen, Uhren und Dosen trägt, war die Mätresse, Peter Abälards eines respektablen Weltweisens des zwölften Jahrhunderts, dessen Gelehrsamkeit Heloisens Onkeln Fulbert, der viele Glücksgüter und folglich auch viel Ansehen besaß, reizte, seine Nichte von ihm unterrichten zu lassen. Peter Abälard, den Musen bis hieher treu, und eben so unschuldig als Heloise, — lehrte seine Schülerinn eine Wissenschafft, darinn er selbst noch ein Neuling gewesen, mit so glücklichem Fortgange, daß sie ihren Meister in kurzer Zeit übertroffen hat: die Liebe. Dieses konnte nicht lange verborgen bleiben. — Fulbert schaffte Abälard seinen Kostgänger ab; — allein dieser ließ Heloisen ein Pfand zurück, welches ihren Oheim in Verzweiflung setzte, sie aber selbst noch mehr für Abälarden entzündete.

Heloi=

Heloisens Vernunft und Geschicklich=
keit war in ganz Paris hochgerühmt, —
ihr Fall beschäftigte also auch ganz Paris.

Abälard schickte seine Geliebte, um
sie dem Lärm der Stadt zu entziehen, und
ihren Umgang noch ferner zu genießen,
heimlich als Nonne verkleidet, zu einer
von seinen Schwestern nach Bretagne, wo
sie mit einem Knaben nieder kam.

Der Domherr Fulbert, ihr Onkel, ge=
rieth darüber in Wut, und Abälard suchte
ihn durch redliche Versprechungen, seine
Nichte zu heyrathen, wenn nur die Hey=
rath geheim bliebe, zu besänftigen, und gab
sich alle Mühe, Heloisen dazu zu bewegen.

Allein sie widersetzte sich seiner Zu=
dringlichkeit und sprach zu ihm: (merken
sie auf Friedrich!) ich kenne meinen Oheim,
lieber Abälard, nichts wird seine Feindse=
ligkeit besänftigen; und wird es wohl rühm=
lich für mich seyn, — euere Frau zu hei=
ßen — nachdem ich euch eueres guten Na=
mens beraubt habe? Was für Verwün=
schungen würden mich treffen, wenn ich
ein so großes Licht, als ihr seyd, der Welt
raubte? Wie schicken sich die Mägde und
Schüler, die Schreibzeuge und die Wiegen,

die

die Bücher und die Rocken, die Federn und Spindeln zusammen? Wie sind das Weinen der Kinder, das Singen der Ammen und die Beschwerlichkeiten der Haushaltung mitten unter den theologischen Betrachtungen zu erdulden? Betrachtet die Aufführung der alten Weisen sowohl unter den Heiden, als unter den Jüden; und da selbst die Heiden und Laien den ehelosen Stand dem verehelichten vorgezogen haben, was wird es nicht einem Geistlichen und Domherrn, wie ihr seyd, für eine Schande seyn, wenn er die sinnlichen Wollüste den göttlichen Amtsverrichtungen vorziehen wird? Wenn ihr auch um den Vorzug euerer Priesterschaft a) unbekümmert seyd, so behauptet doch wenigstens die Würde eines Philosophen.

Allein

*) Warum bezieht sich Heloise nicht auf den Cälibat als Kirchengebot? und warum ließ sich ihr Oheim durch seine Heurathsanträge einschläfern? werden meine Leser einwenden, die sich vielleicht nicht erinnern, man habe damals noch nicht geglaubt, daß die Priesterweihe mit dem Cälibat nicht schlechterdings verbunden seyn müsse. Anmerk. des Herausg.

Allein der Schluß dieser Rede bewies, daß es ihr nicht so sehr um seinen philosophischen Ruhm zu thun gewesen sey. Sie versicherte ihn, daß es ihm rühmlicher und für sie reizender seyn würde — an ihm einen Liebhaber, als einen Ehemann zu besitzen; daß sie ihm ergeben bleiben wollte, nicht aus Zwang des ehelichen Bandes, sondern aus bloßer Zärtlichkeit ihres Herzens, und daß ihr Vergnügen unendlich größer seyn würde, wenn sie einander nur von Zeit zu Zeit sähen.

Allein Abälard und ihres Oheims Zudringlichkeiten bewegten sie endlich zu einer heimlichen Heyrath. Der Oheim versprach solche geheim zu halten, brach aber sein Wort, und erzählte es jedermann, um die Schande seiner Familie zu bedecken. Heloise leugnete es mit Schwüren, weshalb ihr der Onkel so hart begegnete, daß Abälard gezwungen wurde, sie zu den Nonnen in Argenteuil zu schicken.

Diese abermalige Entführung entrüstete ihre Anverwandten auf das grimmigste; Sie beschlossen an Abälarden die ausgesuchteste Rache zu nehmen, bestachen den Diener

ner desselben, welcher des Nachts dieje=
nigen in die Kammer seines Herrn ließ,
die dafür bezahlet waren, ihn zuverstüm=
meln. Diese Schandthat machte einen gro=
ßen Lärm, seine Schüler betrauerten und
das Frauenzimmer beweinte ihn zum Theil
aus persönlicher Zuneigung, zum Theil aus
zärtlicher Besorgniß, daß diese Art Rache
allgemeiner werden könnte. Die Obrig=
keit hatte das Verbrechen sehr hart be=
straft, dem Unglücklichen aber doch keine Ge=
nugthuung geben können.

Dieser beschämte und trostlose Abä=
lard gieng in das Kloster des heiligen Dio=
nisius und befahl, das Heloise eine Non=
ne werde. Als sie diese traurige Zeitung
erhielt, schrieb sie an Abälard folgendes:
Wie grausam sind sie diese meine Blutsfreun=
de gewesen, als ihre blinde Wut einen Bö=
sewicht gereitzet hat, euch im Schlafe zu
überfallen! Wenn wir beysammen ge=
wesen wären, so würde ich euch mit Ge=
fahr meines eigenen Lebens vertheidigt ha=
ben. Allein an diesem Orte ist die Liebe
beleidigt worden, und meine Schamhaf=
tigkeit, nebst meiner Verzweiflung nehmen
mir die Sprache. Es ist mir nicht erlaubt

alles

alles dasjenige hiervon zu sagen, was ich
denke, und ich würde es auch nicht einmal
sagen können, wenn es mir auch erlaubet
wäre. Auch Verstummen ist Beredsamkeit,
wenn die Gröſſe der Widerwärtigkeit allen
Ausdruck übersteigt!

In ihrem Liebeswahnsinne hat sie so=
gar wider die Vorsehung Gottes gemurrt,
wie es Hiob selbst nicht gethan hat, der
doch alle seine Güter und Kinder verlor,
und an seiner Person selbst auf eine be=
jammernswürdige Art angegriffen war.
Der Himmel, sagte sie, hat alle Pfeile ge=
gen meine Brust gekehrt — und verschoſ=
sen. — Jeder Bösewicht ist nun sicher vor
ihm. Nur den lezten Pfeil behielt er noch
zurück, der meinen Qualen ein Ende ge=
macht hätte. Ich hab es nicht verschuldet.
Er hat nichts wider uns gethan, solange
unsere Vergnügungen lasterhaft gewesen;
er wartete uns zu bestrafen, — bis sie der
Ehestand rechtmäßig gemacht hatte.

Sie ist in dem Kloster zu Paraklet
Aebtiſſin geworden, aber weder Zeit noch
Umstände haben ihren Liebling aus ihrem
Herzen verbannt. Noch viele Jahre hernach
schwur sie mit Herzenswärme, und nahm

Gott

Gott zu Zeugen, daß wenn auch der Herr einer ganzen Welt Kron und Zepter zu ihren Füſſen legte, ſie ihn und ſein Diadem ausſchlagen würde. Lieber wär es Ihr, ſetzte ſie hinzu, und in ihren Augen auch würdiger, die Mätreſſe eines Abälards, als die Gemahlin des Kaiſers einer ganzen Welt zu ſeyn.

Man muß bekennen, daß die Ehe alle Gefälligkeiten zur Pflicht macht, die auf keine Dankbarkeit rechnen darf. Opfer verlangt die Liebe, und ſelbſt Weigerungen erhöhen den Werth der endlich doch erlangten Gefälligkeit, und das Feuer des Liebhabers. Wie kann das ſchönſte Weib, wenn ſie nichts mehr zu vergeben hat, ſich liebenswürdig erhalten? Jeder vorüberfliegenden Empfindung, jedem launiſchen Verlangen des Mannes muß ihre ganze Gunſt zu Gebote ſtehen. — Er iſt ein Gaſt, der nie hungrig wird, weil er zu allen Zeiten eine gedeckte Tafel findet, ſich auch blos der Gewohnheit gemäß und nach der Wanduhr über einige Biſſen hermacht und mit gleichgültigen Minen eines überfüllten und verdorbenen Magens ſo erbärmlich drein käut, daß die beſte Köchin, die

alle

alle ihre Kunst aufbot, ihm die Speise geschmackvoll zu zubereiten, ihre Geduld darüber verlieren, und endlich, um doch für ihre Mühe oder Kunst belohnt zu werden, eine Garküche errichten muß, wo nicht leicht ein Gast zuspricht, der keinen recht heissen Hunger hat.

Das ist die Geschichte unserer Ehe, dieß war die Ehe zu allen Zeiten und wird es bleiben.

Heloise liebte ihren Abälard zu sehr, um nicht vor den Folgen des Ueberdrusses zu erzittern.

Die Möglichkeit, verstossen zu werden, entflammt mit zärtlicher Besorgniß die Leidenschaft der Geliebten, und der Ritter wird durch ihre reitzende Weigerungen und die noch reitzendere Gefälligkeit immer mehr und mehr verstrickt. Er hat immer was zu erflehen, weil sie immer noch was zu verweigern hat. Der alle Liebe erstickende Gedanke, ich muß dich — die ich sonst liebte, deren Vorzüge ich aber nun gewohnt bin, mit allen deinen Schwachheiten, die mir alle Tage unerträglicher werden, behalten, fällt auf der andern Seite ganz weg. Bey jedem Zank können

bey-

beyderseits die Interessenten einander hoch schwören, auf ewig von einander zu scheiden. — Die Zeit, welche ihren Zorn abkühlt, erwärmt auch — wenn ihr Gedächtniß die Szenen vormaliger Glückseligkeit mit wirbelndem Blute vor ihre Seele führt — ihre Herzen, sie suchen einander zu bezegnen, sie wünschen, aber sie schämen sich, einander anzusehen. Endlich begegnen sich ihre Blicke; doch trotzig nur, und kurz abgebrochen, sie verstecken sich vor einander, um einander desto aufmerksamer zu beobachten, — sie verlästern einander, bis es wieder zum neuen Streit und zur Versöhnung kömmt. Der eheliche Betthimmel ist ein Leichenstein der schon in der Brautnacht erblaßten Liebe, mit dem traurigen Epitaphium bezeichnet: hier ruht ein Weib an der Seite ihres Mannes, die sich vor der allgemeinen Auferstehung nicht vom Flecke rühren darf. Wo ist ein Mann, dessen Herz in dieser kalten Gruft nicht endlich einfriert, und zusammenschrumpft?

Friedrich. Sie erlauben, daß ich ihnen meine Gedanken darüber mittheile.

Karoline. Sobald ich mit meiner Erzählung zu Ende bin. In diese Todtentengruft der Liebe wollte sich nun Heloise nicht einschließen laßen, und durch ihre Freiheit, die sie zu behaupten suchte, wurd ihre Leidenschaft dergestalt genährt, daß ihre Merkmaale, alle Nachkommenschaft alle künftige Jahrhunderte in Erstaunen setzen wird. Sie sagt, daß wachend und träumend die verschiedenen Auftritte ihrer Liebe, — und selbst, wenn sie bethen will, sich mit äußerster Lebhaftigkeit ihren Augen darstellen *) Siehe opera Abaelardi p. 59.

*) In tantum vero illae, quas pariter exercuimus amantium voluptates, dulces mihi fuerunt, ut nec displicere mihi, nec vix a memoria labi possint. Quocunque loco me vertam, semper se oculis meis cum suis ingerunt desideriis. Nec etiam dormienti suis illusionibus parcunt. Inter ipsa missarum solemnia, ubi purior esse debet oratio, obscoena earum voluptatum fantasmata ita sibi penitus miserrimam captivant animam, ut turpitudinibus illis magis quam orationi vacem. Quae cum ingemiscere debeam de commissis, suspiro potius de amissis. Dieß ist wohl die geheime Geschichte mancher Nonne gewesen. Indessen, wenn dieß
nicht

p. 59. daß sich in die warme Reue über ihre Sünden, ein noch wärmeres Verlangen nach denselben eindränge. Sie hat Zeit ihres Lebens mit ihrem Abälard Briefe gewechselt, worinn sie ihm die Uneigennützigkeit ihrer Liebe vorgestellt hat, welcher zufolge sie weder die Ehre einer Gemahlinn, noch die Vortheile einer Wirtwe, noch ihre Wollust, sondern blos sein Vergnügen gesucht hätte. Sie beneidete ihn um seinen kläglichen Zustand nur, weil er ihm mehr Seelenruhe gewähren und **) seine lebhaftesten Begierden abspannen könne.

Frie-

nicht Liebe ist, so haben weder Ovidius, Shakespear, noch Sapho sie gekannt.

**) Heloise scheint hier sehr Unrecht zu haben. Ich will lateinisch hersetzen, was der heil. Basilius darüber gedacht hat. Libr. de vera Virgin. sub finem apud Theoph. Raynandum de Eunuchis num. 12 p. 143. negat S. Basil. eunuchos impudicitiæ flamma liberari: sed quamvis corpore nihil possint, tamen, ait, animo desiderioque jugiter in cœno, porcorum more, convolui, & post abscissionem esse impudiciores servos voluptatis, qui liberi metu, ne deprehendantur, petulantiam licenter

Friedrich. Nein, Sie würdigen das heilige Band der Ehe zu sehr herab, wenn sie es dem wahnsinnigen Zustande einer ausschweifenden Leidenschaft nachsetzen, in welchem sich Heloise mit Abälarden befand.

Karoline. Unterbrechen Sie mich nicht. Lassen Sie mich erst zu Ende kommen; ich will dann eben so gelassen Sie anhören. Heloisens Furcht war in der Kenntnis des menschlichen Herzens gegründet, und ihre Leidenschaft für Abälarden überwog die Schande, die jenes zu gewissen-

hafte

---

ter foedis attactibus & amplexibus exsatiant, ut possunt, non ut volunt, lascivientes. Ob Abälard so gestimmt war? ob Heloise nach einem ähnlichen Glücke seufzte? ob dieser Wunsch ihre Flamme unterhielt? ob sie sich nach dem Zustande jenes Weibes sehnte, die Petronius folgender Gestalt redend einführte; languori tuo gratias ago, in umbra voluptatis diutius lusimus; mögen diejenigen entscheiden, die Latein verstehen! Sunt, quas eunuchi imbelles, ac mol ia semper oscula delectent & desperatio barbae. Et quod abortivo non est opus. — Juven. Sat. VI. v. 365. Anmerk. des Herausg.

hafte Jahrhundert dieser Art Verhältnissen angeknüpft hatte. Abälards Liebe war, weil sie dem Geſetze nicht huldigte, von einer wütenden Verachtung des Pöbels und Heloiſens Anverwandten begleitet, allein ſie entſchädigte Heloiſen hinlänglich. Die Vorſtellung, daß der zur Freiheit ſo ſehr geneigte Geiſt der Menſchen die Bande, die ſich nicht auflöſen laſſen, zu zerreiſſen pflegt, daß alſo auch ihre einzige Glückſeligkeit, welche alle anderen Ungemächlichkeiten des Lebens abſtumpfte, Schiffbruch leiden würde, beſtimmte ſie, ihrem Abälard, auf die Gefahr ihrer Entehrung, lieber die freywilligen Liebesdienſte einer Mätreſſe, als die geſchmackloſen Frohndienſte einer rechtmäſſigen Ehegemahlinn zu leiſten.

Wenn die Ehe, damit ich mit meinem Räſonement zu Ende komme, auf das erſte natürliche und durch eine übernatürliche Offenbahrung beſtätigte Gebot, vermehret euch, gegründet iſt, ſo iſt ein jedes Weib verbunden, ſo viele und ſo ſtarke Kinder auf die Welt zu ſetzen, als es ihr nur immer möglich iſt. Die Natur hat eine Anzahl derſelben unter ihr Herz ge=

gelegt, welche eine zärtliche Umarmung beseelen soll. Je öfter sie diese Pflicht vernachläßigt, desto sträflicher ist sie; kömmt gewaltsame Abtödtung des auflebenden Keims hinzu, so ist sie des Todes schuldig, und die Natur exequirt auch öfters dieses Todesurtheil selbst; denn diese Kunst ist stets mit Lebensgefahr verbunden.

Vermöge des eben angeführten Naturgebotes bezeichnet der Mann, sobald er die Ehe eingeht, den ganzen Schatz, welchen die Vorsehung unter das Herz seines Weibs verborgen hat, mit seinem Namen. Seine natürliche Schwäche hebt die Pflicht und die Erfüllung jenes Gebotes nicht ganz auf. Sie bleibet dem Weibe noch immer heilig: und wofern der Vater sich mehr Vater durch Erziehung seiner Kinder als durch Zeugung derselben beweiset, — welches nicht zu leugnen ist, so verliert er kein Recht, dasjenige für sin Eigenthum zu erklären, was in seinem Garten wächst. Mit diesem Schatze, den hier die Natur vergraben hat, verhält sich's nicht anders als mit allen andern Schätzen. Sie gehören zum theil dem Staate und zum theil dem Gutsherrn, wo sie gefunden werden.

Der

Der Einwurf, daß man nicht schuldig sey, fremde Kinder zu ernähren, ist leicht beantwortet. Die Ehe, welche zwischen einem gesunden und muntern Weibe und einem ausschweifenden, kranken oder sonst schwächlichen Manne geschlossen wird, ist dem obigen Naturgebote zuwider. Hier hat die Frau sowohl als der Staat gegen die der Menschheit schädliche Treue mit eben den Gründen zu exzipiren, deren sich der Staat gegen einen hartnäckigen Gutsherrn bedienen würde, der sich widersetzen wollte, einen Schatz auf seinem Gute ausgraben zu lassen, weil er selbst zu dieser Verrichtung zu schwach ist, und durchaus keinem seiner Nebenmenschen einigen Vortheil daraus zu ziehen gestatten will. Ein Wirth, der seinen Acker dergestalt verwüsten läßt, daß er dem Staate auch nicht einmal die Kontribution bezahlen kann, wird weggejagt, und seine Stelle von einem riegelsamen wackern Mann besetzt. Ist es nun für die Gesellschaft nicht gleich wichtig: Erdfrüchte oder Menschen zu vermehren? die Reichen sind im Durchschnitt genommen, immer schwächer als die Armen: in einer Bauernhütte wimmelt

es

es von nackten Kindern, und in den Pallästen der Großen ist oft kaum ein Erbe aufzubringen, der 24 Jahre alt wird, um die Majoratsgüter zu beziehen, und wieder einen Erben auf 24 Jahr zu hinterlassen. Die Ausnahmen von dieser allgemeinen Beobachtung sind sehr selten; allein nicht so selten sind kluge Weiber unter den Reichen, die sich auf ihre Haushaltung und Pflichten besser verstehen. Ohne diese Klugheit würde das auf 70 gesetzte Menschenalter im Zirkel der Großen kaum auf 24 Jahre gesetzt werden können. Dieß aber ist ein unverzeihlicher Hochverrath gegen die Natur, den kein Sakrament zu beschönigen vermag.

Der Mann, den ein unschuldiges Mädchen heyrathet, verbindet sich stillschweigend, seinen Pflichten, den Erfordernissen ihres warmen Temperaments gemäß nachzukommen. Sie traut seinem stillschweigenden Versprechen ohne vorhergehende Beweise. Es wäre nun ein kindischer Gedanke, zu sagen, — dieser Ehemann hat zufolge seines natürlichen Vermögens und seiner Glücksumstände sich anheischig gemacht, nur eins oder höchstens zwey Kinder dem Staate zu liefern. Er muß sich's gefallen las=

laſſen, ſo viele zu verſorgen, oder dem
wohlgeordneten und beſonders an Frey=
maurern reichhaltigen Staate zur Verſor=
gung anzuempfehlen, als eine unverdor=
bene und friſche Natur von beyden Sei=
ten immer hervorbringen kann. Er hat
ſeine Braut betrogen, wenn er ſichs an=
ders gedacht, wenn er ſich anders gefühlt
hat, und Sie hat daher ein natürliches
unveräußerliches Recht, Erſatz zu fodern,
und ſich Genugthuung zu verſchaffen. Wei=
ter, die Seltenheit und das Feuer der Be=
gattung hat den größten Einfluß auf die
Geſundheit des Embryos; das Feuer hängt
von der erhitzten Einbildungskraft, und
dieſe von der größern Liebenswürdigkeit
des Gegenſtandes ab. Aus dieſem Grun=
de iſt die Stärke, das Talent und Voll=
kommenheit der meiſten unehlichen Kinder
zu erklären. Liebe vermehrt den Reitz, die=
ſer ſondert mehr Säfte ab, und befördert
ſie mit größerer Schnellkraft zur Befruch=
tung. Wenn dieſe Wirkung männlicher
Säfte — das belebende Prinzip des Em=
bryos iſt; ſo muß dort mehr Leben ſeyn,
wo mehr Säfte abgeſondert und mit grö=
ßerer Schnellkraft abgeſchoſſen werden, kurz,
wo

wo mehr Liebe ist. Ein Tristram Schandi, der sich den ehelichen Umarmungen seines Weibes losreißen kann, um eine Wanduhr aufzuziehen, wird keine Jabal, Jubal, Tubalkain, und Nohema, diese erfinderischen Köpfe aus dem Ehebette des Patriarchen der Bigamie, *) auf die Welt setzen. Die Liebe behauptet daher, gegen alle durch verschiedene Gesetze geheiligte Pflichten der Ehe, — das Recht, das natürliche Gebot, uns zu vermehren, aus allen Kräften zu erfüllen, und es giebt also Fälle, wo die Untreue pflichtmäßig werden könne, welches ich erweisen wollen.

Frie=

*) Lamechs Kinder. Jabal erfand Zelte; Jubal etliche musikalischen Instrumente. Tubalkain verschiedene Werkzeuge von Eisen und Erz; Nohema (wofern den Rabbinern zu glauben ist,) die Kunst Wolle zu verarbeiten und Leinwand zu machen. Man suchte diese erfinderischen Talente von der Vielweiberey, die Lamech zuerst einführte, und weil sie daher in Liebe wären erzeugt worden, herzuleiten. Lamechs Erfindung aber, mehrere Weiber zu nehmen, verwirft man aus dem Grunde, weil ein Mann der von Kain abstamme, nichts Gutes stiften könne.

Friedrich. Nein, durchaus nicht, welches ich erweisen will. Zuerst aber erlauben Sie mir eine Frage. Sie halten dem Ehebruch eine förmliche Lobrede, — und dennoch, Freundschaftsküsse ausgenommen, bezeigen sie sich gegen mich auf keine Art gefällig, wie es doch ein so treuer und zärtlicher Liebhaber billig erwarten könnte?

Karoline. Diese Zurückhaltung, diese Tugend, lieber Freund, ist eine zärtliche Vorsorge, meinen Gemahl nicht zu beleidigen, und ihre Freundschaft nicht zu verlieren. Dieses ist blos eine gute Haushaltung in zärtlichen Verbindungen. Ich bin von ihrer Leidenschaft überzeugt, und ich liebe sie zu sehr, als daß ich Ihnen Waffen in die Hände geben sollte, — sich selbst zu besiegen d. i. ihre Flammen zu dämpfen. Unser Umgang würde viel von seiner Lebhaftigkeit und Heiterkeit verlieren; wir hätten uns vieles vorzuwerfen, an uns viel Widriges zu bemerken —, wenn wir schon ausgenossen hätten. Ich schätze sie höher, als meinen Gemahl, weil mir bey ihnen noch immer etwas zu hoffen übrig bleibt. Aber ich will nicht erlangen, was ich nur dunkel, und ohne daran zu denken, hoffe:

denn

denn die Hoffnung ist zwar kein so lebhafter aber ein dauerhafter Genuß. Glauben Sie mir, Friedrich, es gehört vorzüglich mit in die Oekonomie der Liebe, tugendhaft zu seyn. Diejenigen, welche dieselbe nicht aus dem Grunde studirt haben, sind nur elende Stümperinnen in der Liebe. Die schöne Wittwe des Johann Gray würde, wenn der König verheyrathet gewesen wäre, auf ihre Gunstbezeugungen keinen so hohen Preis gelegt — und die Ehre einer königlichen Mätresse ergriffen haben; allein hier war durch die Oekonomie der Liebe mehr zu gewinnen. Sie beobachtete in ihren Gunstbezeigungen eine solche Sparsamkeit, daß sie sich endlich die Krone erwirtschaftet hat. Es ist mit den Schönheiten der Frauenzimmer, wie mit den verschiedenen Kunstwerken: Für den Liebhaber sind sie Millionen werth: ein anderer kann sie oft für drey Dreyer haben. Der Erstere bezahlte dafür noch immer zu wenig, der Letztere noch immer zu viel.

Nun bin ich begierig, ihre Widerlegung zu hören, wobey ich sie bitte, nicht zu vergessen, daß die tägliche Erfahrung

zu

diese Grundsätze für die herrschenden unseres zügellosen Jahrhunderts erklärt.

Friedrich. Auch dieß ist falsch. Unsere Zügellosigkeit ist die Tochter des Luxus und der Leichtsinnigkeit. Wir sündigen nicht aus Grundsätzen. Daher dürfen unsere Moralisten auch nicht ihre Segel abspannen, und ich selbst will mit in ihre Zunft treten. Unsere Bemühung ist vielleicht fruchtbar an guten Folgen.

Karoline. Und gewiß des Versuchens werth.

Friedrich. Ihr ganzes Räsonement, gnädigste Gräfinn, läßt sich nur auf wenige Hauptsätze zurückführen. Erstens behaupten Sie, daß der Eid uns zu nichts verbinden könne, und ich glaube, es sey erwiesen, daß er — bey vorausgesetzter christlichen Denkungsart die Beweggründe zu tugendhaften Entschliessungen vermehre, und folglich auch unsere Treue befestige; zweytens behaupten Sie, daß die eheliche Verbindung die wahre Liebe ausschliesse, un drittens der Endzweck der Ehe, die Fruchtbarkeit und Vermehrung der Menschen nicht erreichet werde.

Ka=

über Deutschland.

Karoline. Ja. Das ist ungefähr mein Gedanke.

Friedrich. Wohlan! In Absicht des ersten Punktes, nemlich des Eides, habe ich Ihnen vermutlich genug gethan. Ich will nun zu den folgenden schreiten.

Sie würden mir für die Ehe bange gemacht haben, wenn sie sich nicht eines Fehlers schuldig gemacht hätten, welchen sie noch oben drein zum Grunde ihres Räsonements legten. Sie überspannten nemlich den Begriff von Liebe zu sehr, um ihn einer vernünftigen Ehe anpassen zu können. Sie vermengten die aufbrausende Wollust mit jener ruhigeren Herzenssimpathie, welche die Seele der ehelichen Verbindung ist.

Nach ihrem Begriff von der Liebe müßte jeder irrende Ritter, dessen Qualitäten beym ersten Anblicke besser, als die des schon zu bekannten Gemahls der weiblichen Lüsternheit in die Augen stechen, berechtigt seyn, seinen Namen, wie unter den barbarischen Lappländern, ins Familienregister unausradirbar einzugraben, und die Gemahlinn

mahlinn eines jeden Mannes — würde sich in ein Stammbuch verwandeln, worinn jeder Fremde nach Maaßgabe ihres Fassungsvermögens Merkmaale einer leibhaften Freundschaft hinterlassen dürfte. Die Gewohnheit, an gewisse phisische oder moralische Vorzüge, die sonst unser Blut in Gährung brachten, hat unsere Leidenschaft bereits abgestumpft; die Verdienste des Ehemannes werden oft von Thorheiten eines Gecken überschimmert, man glaubt, daß der Umgang des leztern Ambrosiareich für uns wäre: allein Mangel an Gelegenheit und ruhige Ueberlegung, die nach einem bereits sich gelegten Sturme das wachsame Gewissen herbeiführt, lassen uns an dem Gecken den Gecken erkennen, und setzen den verdienstvollen Mann wieder ins beste Licht. — Wir eilen in seine Armen, und verschwenden aus Reue über die ihm nur in Gedanken zugefügte Beleidigung unsere Zärtlichkeit: die, wenn sich gute Disposition von behden Seiten begegnet, mit einem Kinde belohnt wird.

Die gewöhnlichste Ehe ist wohl jene, wo die ersten Aufloderungen einer zu hoch gespannten Liebe selten oder nie Statt finden

finden, und an deren Stelle freundschaftliche Gefälligkeiten von beyden Seiten eintreten. Man betet die Reize, deren Glanz die Zeit oder die Gewohnheit verwischte, nicht mehr an; allein der Mann schätzt die Häuslichkeit des Weibes, und diese die redliche Bemühung ihres Gattens — das Haus zu erhalten. Man liebt nun einander mehr in den Kindern, die, ihres Daseyns froh, mit lächelnder Dankbarkeit Vater und Mutter lallen.

Die mütterliche Sorge für ihre erste Erziehung und die väterliche für ihrer aller Erhaltung hindern nicht, daß bey guter Gesundheit und nahrhaften Speisen zu gewissen Zeiten Gott Hymen nicht ein zärtliches Opfer dargebracht werden sollte. Es mag seyn, daß die ersten Rasereien der Liebe und die Brutalität Genies hervorbringe; folgt daraus, daß nur lauter Genies gezeugt werden sollen? Reisen Sie, gnädigste Gräfinn, mit redlicher Aufmerksamkeit die galanten Städte Deutschlands durch. Besuchen Sie die Häuser, wo goldene Hörner vor die Thüre ausgehangen werden, um jedermann, der Geld hat, freye Herberge anzuweisen; Häuser, wo die Reichen bey
ra=

rafinirten Ehe nur auf den Schein ehrbar bemäntelte Weiber von Liebhabern, umgestoßen werden, die der Herr Gemahl anmelden, und wenn die Frau bereits Gesellschaft hat, in dem Vorzimmer unterhalten oder abfertigen muß: Häuser, wo der feinste Ton unserer Zeiten herrscht, und zählen Sie die Kinder. — Ausschweifung ist der Bevölkerung auf keine Art zuträglich. Sie vergiftet die Quelle unseres Lebens, bringt sieche Kinder hervor, und zerstöhrt alle moralischen Verbindungen.

Auch scheint es wohl nicht, daß durch die Freiheit, sich wegzuwerfen, unsere Leidenschaft sonderlich gewinnen würde. Vielmehr würden wir gegen alle eben so gleichgültig werden, wie wir es nun gegen diejenigen sind, mit denen wir den freiesten Umgang pflegen dürfen. Das periodische Verlangen nach verbotenen Vergnügungen hat in der ordentlichen Ehe eben so gut als in der wilden Statt.

Was Sie, freylich wohl, nach ihrer Art sehr witzig, berührt haben, daß der Staat sich, wenn sogar die schuldige Kontribution zurück bleibt, ins Mittel legen müsse; so sehen sie wohl selber ein, was

es

es für betrübten Folgen nach sich ziehen würde, wenn der Staat durch das Militär diese leb= und leibenden Abgaben exequiren ließe: dergestalt, daß ein wackerer Infanterist oder Kavalerist nicht eher die Schwelle eines unfruchtbaren Hauses verlassen dürfte, bis ihn die von rechtswegen aufgepflanzten Hörner des mit ihm verschwägerten Hausvaters herausstiessen. Von allen den komischen Gesetzen, die seit der Tyraney des Justinians bis auf unsere Zeiten zu Rom oder sonst wo unter dem einfältigsten Himmelsstriche gemacht wurden, wäre dieses das allerlächerlichste, — um selbst das Andenken der gröbsten Abderitismen zu verwischen.

Indessen will ich gerne zugeben, daß die Unauflöslichkeit des ehelichen Bandes, und das Strafgesetz, welches die Ehebrecher zum Scheiterhaufen verdammt, weder dieses Joch erträglicher noch die Sitten reiner gemacht haben.

Barbarische Gesetze sind unleugbare Beweise heftiger und starker Leidenschaften einer Nation; und das Thermometer, so ihre Aufklärung nach verschiedenen Graden anzeiget, ist gleichfalls das Gesetzbuch derselben —

ben — inwiefern es sich nämlich der praktischen Moral nähert. Selbst dem For-
mat des Kodex ist die Phisiognomik der
Sitten, und der Aufklärung einer Nation
eingeprägt. Die verwildeten und rohen
Völker heischen viele Folianten voll Gesetze;—
die Aufgeklärten ein sehr mäßiges Duodez.
Unter den Lazädemoniern war kein Strafgesetz gegen den Vatermörder vorhanden. Wo noch mehr gute Gesinnungen,
und Grundsätze herrschten, da würden
auch keine Strafgesetze für die Diebe, Meu-
chelmörder, Ehebrecher, Jungfernschän-
der, Staatsverräther, und vielleicht selbst
nicht für Müssiggänger existiren, deren doch
(wider die Müssiggänger nämlich) die Staaten Deutschlands noch am meisten bedürfen.
Allein dieses heilsame Gesetz, wodurch jene Heuschreckenbrut verfolgt, und zur Beschäftigung angetrieben, folglich, von allen
oder der meisten Vergehungen und Lastern
abgehalten, die innere Sicherheit der
Staaten befördern würden, — dieses heilsame Gesetz seh ich ein, kann nicht gemacht
werden, so lange nicht die Hindernisse der
allgemeinen Thätigkeit durch kluge Staats-
einrichtungen wegfallen, und so lange noch

Deutsch=

über Deutschland.

Deutschland — ein Schwarm von Priestern überschwemmt.

Die größte Kunst der Regierung ist, die Unterthanen nach Maaßgabe ihrer Fähigkeiten zu erziehen und zu beschäftigen. Das erstere entwaffnet den Henker, und das letztere macht sie den benachbarten Nazionen furchtbar im Kriege, beneidenswerth in Frieden. Von diesem Arkanum hängt unmittelbar politische Stärke, Nervosität, und bürgerliche Tugend ab. Es läßt uns aller Schatzkammer und der meisten Geistlichen, welche die Moral unters Volk speien, entbehren. Man behält wenig Zeit übrig, unsere Neigungen zum Bösen aufbrausend heftig und durchsetzend werden zu lassen. In Herrnhut wird weniger gesündigt als in Dresden, und in Amsterdam weniger als in Rom; — weil man dort mehr und hier weniger Muße hat.

Bevor aber der Reformator der Zügellosigkeit einer Nation auf eine so wirksame Art die Wurzel absticht, müssen die Schriftsteller den Baumgarten wenigstens von Raupen reinigen. Man war beinahe in ganz Europa vor 50 Jahren

Q 2 noch

noch intolerant gegen Meinungen. Allein seitdem diese Lieblingsraserey der Europäer Voltär, der König von Preußen und ihre Anhänger lächerlich machten, sogen die wahnwitzigen Theologen selbst — aus dieser Giftquelle der Menschheit heilsame Grundsätze, und brachten sie durch ihr Ansehen unters Volk. Sie verfluchten auf heiligen Kanzeln den heterodoxen Witz des Herrn von Voltär; — und plünderten seine Schriften, um bessere Predigten zu machen. Nun wundert man sich, so intolerant gewesen zu seyn.

Wenn in Rücksicht der Heiligkeit des ehelichen Standes eben so viel und so gut geschrieben würde, so möchte wahrscheinlich — jeder Jüngling und jedes Mädchen in dieses Heiligthum eingeweiht zu werden sich bestreben, — und die Quelle von tausend, die menschliche Zeugung zerstörenden, Krankheiten würde versiegen.

Strafgesetze können dieß nicht bewerkstelligen. Ich glaube, man würde den Hahnrei, der sich heut zu Tage einfallen liesse, seine Frau dem Scheiterhaufen zuführen zu wollen, ins Narrenhaus stecken: so so sehr werden unnatürliche Gesetze verlacht! Man verbrennt keine Ehebrecher mehr, man lacht über Beleidigungen dieser Art. Eine jede neue Bekanntschaft, — so wird heutigen Tages dieses Laster genannt, unterhält den Polizeilieutenant eben so gut, als den Kupler. Der redliche Mann, der, ohne sein Wissen, betrogen wird, — wird das Gespötte aller Menschen, und derjenige, der sich wissentlich für baare Münze reicher Generalpächter und Herzoge auf den Pranger stellet, — wird klug genannt und gelobt.

Die Richter, diese tausendaugigen Diener der blinden Gerechtigkeit sehen es, daß diese schamlose Buben in Bordelen leben, welche der Priester eingeweiht hat, — und sie schweigen. Oft werden arme Edelleute aus der Provinz mit Mâtressen reicher Schwälger getraut, die von ihrem Weibe auf hundert Meilen entfernt leben, um kaum Nachricht erhalten, wenn Kinder, die sie vielleicht nie sehen werden, unter den Augen des Gesetzgebers, mit ihren Namen gebranntmarkt werden. Diese Pariser Mode ist mit dem französischen Lux auch dem galanteren Deutschland inokulirt wor-

worden. Est ist eine Ehre, wornach viele Weiber streben, — von großen Herren angebethet zu werden. Die Eifersucht und Treue eines Ehegattens wird auf der Bühne lächerlich gemacht, und glückliche Betrügereien eines schlauen Weibes beklatscht. Unsere Theaterzensur läßt das unmoralische Schauspiel, die Perücken genannt, vorstellen, und die schauderhafte Szene der Verzweiflung eines geschändeten Mädchens wird in Fiesko ausgestrichen. Des Abends halten wir es für unmoralisch und unartig; das Laster in seiner Schwärze und seinen entsetzlichen Folgen auf der Bühne vorstellen zu lassen, — allein des Tages über verkaufen wir unsere Weiber und Töchter. Auf der Bühne darf kein zärtlicher Kuß gegeben werden, — und die Logen der Damen, so darüber murren, sind mit Zizisbeos besetzt. Für die Glückseligkeit eines häuslichen Lebens, wo Ordnung, Genügsamkeit, Geschäftigkeit, Gesundheit, Liebe und Ruhe herrschen, hat unser Jahrhundert keinen Begriff. Die Prediger verlieren den Athem, ohne deshalb von Zuhörerinnen unter 60 Jahren Beyfall zu finden, welche nun das himmlische

sche Paradies zu erringen suchen, nachdem
ihnen das irdische bereits verschlossen wurde.

  Karoline. Friedrich! Friedrich! —
Sie machen ja alle Prediger zu Schanden!
und sie fürchten nicht von unseren Wei=
bern ausgepfiffen zu werden? Es giebt
eine gewisse Verbindung der Herzen, wel=
che sie, in einer vernünftigen Kapitulation
über den Ehestand, gewiß nicht verwerfen
würden: und diese verlieret sich zuwei=
len, — wie denn alle Menschen nur auf
schwachen Beinen stehen, in Gefälligkeiten,
welche die strengsten Moralisten, wo nicht
billigen, doch wenigstens dulden, und sich
bey dieser toleranten Empfindung mit der
Wahrheit — daß unter dem Monde nichts
vollkommen sey, trösten müssen. Oft giebt
es häusliche sehr mißliche Angelegenheiten,
die durch eine Ehescheidung noch mißlicher
werden würden, und durch den Modeton der
Welt verbessert werden. Der Mann, das
Weib und die Kinder gewinnen, und es ver=
liert sonst Niemand dabey — als die Mora=
listen. Wer wird, diesen Herrn zu Lieb, Noth,
Drang und Weh ertragen, um seine Hand=
lungen ihren Systemen anzupassen? Ueber
dieß ist ja in dem protestantischen Deutsch-
         land

land die Ehe nur ein Kontrakt und kein Sakrament. Die Zufriedenheit beyder Theile mit gewissen Abänderungen im Kontrakte, macht dieselbe ja rechtskräftig? Wenn z. B. zween virtuosen Musikanten, die bisher von lauter Duetten lebten, noch einen dritten dazu aufnehmen, so machen sie künftig Terzetten: und wer in der Welt hat etwas dagegen einzuwenden? Man wird hoffentlich über diese tolerante Meinung weniger als über die Ausübung derselben erstaunen? Oder sollte wohl vielleicht gar die Landeszensur nicht zu sagen erlauben, was auszuüben die Landespolizey nicht hindert? Ueberhaupt tauget auch die Schärfe der Moral nicht dazu, die Laster der Gesellschaft auszupeizen: sie verursacht vielmehr eine gefährliche Entzündung, die den Schaden vollends unheilbar macht. Auf gewisse (wenn ich so reden darf epidemische) Wunden, dürfen nicht immer Pfeffer und Salz gestreuet oder Höllenstein gestrichen werden: sondern vielmehr Balsam und Oele, welche Heilung ohne sonderliche Schmerzen befördern. Ein Arzt, welcher gelinde und schmackhafte Arzeneien verschreibet, ist allen Pazienten willkommen: man stirbt sogar

lie=

über Deutschland. 249

lieber unter seinen Händen, als daß man sich von einem Hände = und Fußcabschneider aus dem Grunde wollte kuriren lassen. In der moralischen Welt ist es noch allgemeiner wahr, als in der phisikalischen. Lassen sie den eifrigsten Mönch in ein galantes Zimmer einer fürstlichen Mätresse mit der bitteren Phisiognomie des Richters im Thale Josaphat treten, und ihr den Höllenstein recht aufs Gewissen reiben, ihr das unmittelbare Verderben ihrer Seele durch alle rethorische Figuren vormalen; die schwere Sünde eines fürstlichen Ehebruchs, dessen sie sich theilhaftig mache, von der einen, und die erlösenden 5 Wunden der ewigen Barmherzigkeit von der andern Seite vorstellen, so wird sie dem Wohlredner, wenns recht gelinde abläuft, wenigstens einigemal mit dem nächsten dem besten Pantofel aufs Maul schlagen; und gehen sie zum Teufel mit ihrem Thale Josaphat, Sie Narre Sie! — ausrufen. Allein wenn ein vernünftiger Moralist (der ihre ökonomischen Absichten bereits gebilliget, und ihr Zutrauen gewonnen hat,) ihr die Folgen ihrer Ausschweifung, der Rache einer beleidigten fürstlichen Neben=

benbuhlerinn anschauend gemacht hat, so
wird sie sich, wofern sie nicht ernstlich in
den Fürsten verliebt ist, denn in solchen
Fällen dürfen keck alle Moralisten sich ihre
Mühe ersparen, aus der Schlinge mit gu=
ter Manier zu ziehen trachten, und der Für=
stinn das ganze Feld wieder einräumen.
Sie wird sich nach und nach (besonders
bey zunehmenden Jahren) Gott ergeben,
und, während sie von dem Fette ihrer frey=
geisterischen Ausschweifungen zehrt, am
Ende noch formale Betschwester werden.
Dieß ist der ganze Triumph der Moral und
der Religion über die Leidenschaften —
wenn nicht schon zuvor durch die Erziehung
Grundsätze vorhanden gewesen sind; und
so lange nicht der Luxus der Häuslichkeit
Platz macht, der Adel nicht in gehörige
Schranken zurückgewiesen, der Bürger, nach
dem Beyspiele des ersteren, nicht von besse=
ren Gesinnungen belebet werden wird, —
bleibt das vornehmere Deutschland, was
es gegenwärtig in allen seinen großen Städ=
ten ist: — galant und entnervet: Folium
quod vento rapitur; armselige Pflänzchen,
welche von dem Winde, den sie selbst ma=
chen, aufgezehrt werden.

Herrn

Herrn Salzmanns Ankündigung vom 13 Oktober 1783.

Ankündigungen, welche nicht in Deutschlands gangbarste Journäle, oder nur auszugsweise eingerückt werden, bleiben dem größern Haufen unbekannt. Die meisten Buchhändler sorgen in ihren Stationen nicht ernstlich genug für die Publikation derselben, wo es nicht ihren eigenen und ganz und gar nicht, wo's sogar nur den Balg eines Authors als Selbstverlegers angeht, den sein, beym Publikum erworbener guter Ruf, aufmuntert, einen besseren Nutzen von seinem Werke zu ziehen, als es jener sein würde, den ihm die Herren Buchhändler kärglich und nach der Elle zumessen würden. Diese Herren beurtheilen den Werth eines Buches nach den Prozenten, die es abwirft, und ihr Patriotismus, die Wissenschaften und Künste empor zu bringen, bezahlt für einen Bogen des Mädchens von Orleans 20 — und für die christliche Sophistereien eines Saurins kaum 1 Louisd'or.

Unter den österreichischen Buchhändlern, die noch die besten Unternehmungen machen; sind Gräffer zu Wien und von Schönfeld zu Prag und Wien. Man wird bey ihnen am ordentlichsten bedient, und der Leztere scheint auch einzusehen, daß gute Honoraria die Messengerüchte besser schmalzen, und daß ohne guten Verlagsartikeln man wohl ein Tuchkrämer und Faktor aber kein Buchhändler seyn könne. Es ist durch seine Industrie zu hoffen, daß jenes, von der Strenge der vorigen Zensur abstammende Vorurtheil des Auslands gegen alle österreichische Produkte nach und nach zerstreuet werden wird.

Wenn die Buchhändler alles lesen und beurtheilen könnten, oder welches das nehmliche ist, wenn es keine Schaafköpfe und Schmierer unter den Schriftstellern gäbe, würden die Buchhändler sehr reich werden müssen. Die Lektüre ist unsern Zeiten zum Brodbedürfniß geworden. Eine gewisse litterarische Vielfresserey stieg auf den höchsten Grad. Deutschland zählt 4000. Stück lebendige Scribenten, und wenn sich diese Herren; wogegen aber ihr Magen protestirt, sehr

moderiren; so schreibt doch einer zu dem andern wenigstens 2 Alphabeten des Jahrs. Zu Berlin schreibt ein sehr bekannter Mann des Jahrs 365 Bogen, und im Schalt= jahre noch einen Bogen mehr. Dagegen Herr Engel kaum nur 12 Bogen Jahr zu Jahr. Der Erste schreibt nur ab, das heißt: er kompilirt mit einer bedauernswürdigen Sufisens, der Leztere denkt, und ist mis= trauisch in sich selbst. Ich kenne einen Ueber= setzer, welcher mit seiner einzigen Rechten 8 Setzerhände beschäftigt. Er allein wäre im Stande, und dieß zwar binnen zwey oder höchstens dritthalb Jahren, uns alle die Folianten der französischen Enziklopädie, im Göthischen Tone zu liefern. Es ist kein Schreiber in ganz Europa, der so flink kopirt, als er übersetzt. Nur Herr Wei= demann zu Wien, der in 6 Jahren und zwar nur in seinen Erholungsstunden 60 Original=Lust= und Trauerspiele geschrieben hat! kömmt allein jenem Uebersetzer in der Faustflüchtigkeit bey. Man kann die Tü= cher nicht geschwinder färben; und wenn Lopes de Vega nicht beinah eben so viel gedacht als geschrieben hätte, oder wenn er, besser zu sagen, niemals gedacht hätte, so wä=
re

re ein jeder dieser beiden Herrn — Deutschlands Lope de Vega. Ohne åhnlichen Schönfärber wäre der Buchhändler in Deutschland eine der wichtigsten Personen, weil er einen großen Theil von Publikum in Kontribution setzen würde. Allein bey dieser Lage der Sache bringt es selten einer bis zur doppelten Equipage; und ein mittelmässig akkreditirter Authoꝛ ernährt gering gerechnet 50 elende Schmierer; als: die verschiedene Wochenblätter, Romanen, Komödien, Tragödien a la Shakespear Kacker. Gott der allgerechte muß es den bessern Schriftstellern in der Ewigkeit, oder doch an der Ewigkeit ihres Ruhms; für dessen süsses Vorgefühl sie die Nächte durch schwitzen, zurechnen, was ihnen die Buchhändler ihre Verleger unter dem Titel: *Was ich an ihrem Werke gewinne, mein Herr, das verliere ich wieder an verschiedenen andern,* in diesem irdischen Jammerthale abgerechnet haben. Sollten aber auch die Leute in Anschlag kommen, welche auch noch die elenden Schmierer ernähren — als: Papiermacher mit Gesellen, Setzer, Drucker, Schriftgiesser mit Gesellen, Journalisten als Ankündiger littera=

terärischer Produkte, Buchhändler mit
Gesellen, Lumpensammler, privat und öf=
fentliche Lehrer — denn alle diese Leben
vom Witze guter oder elender Schriftstel=
ler nach Maaßgabe ihres individuellen Ge=
schmacks, Zettelausträger, Buchbinder mit
Gesellen, Komödianten, Advokaten, Aerz=
te, und was sonst durch die litterärische
Scharlatanerien ernährt wird, Pappendeckel
und Dosenmacher, ꝛc. ꝛc. Wenn alle diese
Individua in Anschlag gebracht werden,
so ernährt ein guter Schriftsteller, der oft
keinen ganzen Rock anzuziehen hat, mehr
Familien als mancher Reichsfürst, der
mit 6 Pferden daher fährt. Und wenn auch
dasjenige in Anschlag gebracht wird, was
man aus guten Schriften plündert, um
damit die Werke der Alltagssubler zu wür=
zen; so verschafft jeder gute Schriftsteller,
deren es unter den 4000. kaum 50 giebt,
und daher alles auf die 50 repartirt wer=
den muß, mehr moralischen Nutzen,
als mancher Bischoff, dessen Pasto=
ralbriefe ein dummer Mensch gemacht
hat. —

Nun

Nun wieder zur Ankündigung Salzmanns, von welcher wir ausgiengen, und bey der wir füglich hätten bleiben können, wenn der Weg, den der Geist eines Schriftstellers nimmt, wie die Kaiserstraße in Oesterreich von Wien aus nach verschiedenen Provinzstädten nach der Schnur gemacht wäre, oder wenn ein jeder Schriftsteller, wie Sterne sagt: seine Materie so vor sich hintreiben könnte, wie ein Eseltreiber seinen Esel von Rom nach Loretto, ohne sich nach den verschiedenen Seiten und Gegenständen, die sein Auge und seine Seele zugleich berühren, umzusehen, und sich dabey, wofern nicht der erste Anblick ihr ganzes Wesen erschöpft, einige Minuten zu verweilen.

Herr Salzmann also kündigt unter seinen, bis zur Michaelismesse heraus zu kommenden Schriften: 1 Reisen der Salzmannischen Zöglinge. Erster Band.

Unter den mancherley Mängeln, sagt er selbst, die die Erziehung und der Unterricht der Kinder noch immer hat, die der redliche Schulmann wohl sieht und beklagt, aber abzuändern nicht im Stande ist, habe ich vorzüglich bemerkt, daß 1

die

die Kinder mehr unter Büchern als unter Menschen aufwachsen, und deswegen gar zu wenig Lebensklugheit mit aus der Schule bringen, 2) daß sie eher die Namen der Sachen, als die Sachen selbst erlernen. Sie lallen z. B. die Worte: Tanne, Eiche, Buche, ehe sie diese Bäume gesehen haben und kennen. Dieß ist eine sehr reichhaltige Quelle des Irrthums. Diesem Mangel glaube ich bey meinen Zöglingen dadurch abzuhelfen, daß ich sie, sobald sie hierzu hinlängliche Kräfte haben, ein auch zweymal des Jahrs, in meiner, oder eines meiner Gehilfen Begleitung eine Reise von 20 bis 30 Meilen machen lasse, um die mannigfältigen Werke der Natur und der Kunst nebst den verschiedenen Sitten und Gewohnheiten der Menschen selbst zu sehen, selbst in den mannigfältigen Verhältnissen, in welche man auf Reisen kömmt, zu lernen, wie man sich betragen und helfen müsse. Da bleß nachzuahmen aber für die wenigsten Schulen möglich ist, so will ich ihnen doch durch Beschreibung dieser Reisen, davon so vielen Nutzen, als nach der Lage der Umstände seyn kann, zu verschaffen suchen. Weil man mich versichert hat

hat, daß der Ton, in dem ich mit Kindern spreche, ihnen angenehm und verständlich sey, so glaube ich in diesem Buche in Lachen und Scherzen den Kindern ungemein viel gute Lehren geben und mannigfaltige Kenntnisse beybringen zu können. Deswegen glaube ich nicht zu viel zu sagen, wenn ich behaupte, daß dieß ein sehr nützliches und unterhaltendes Lesebuch für die niedrigen Schulen seyn müsse. Ob ich auch weis, was Kindern verschwiegen und was ihnen gesagt werden müsse? kann man aus andern Büchern sehen, die ich bereits für Kinder geschrieben habe.

Dieser erste Band, der eine Reise durch das Magdeburgische, Halberstädtische, Mansfeldische, Bernburgische und Köthensche Land enthält, beträgt 16 Bogen, und wird den Subskribenten für 10 Gr. im Golde überlassen.

Dieser neue Gedanke verdient da, wo auf Erziehung geglaubt wird, häufige Unterstützung zu finden.

2) Ueber die Selbstbefleckung. Ein Lesebuch für Eltern und Erzieher.

Ich bin zeither durch Briefe theils von Jünglingen, die sich durch diese Ausschwei=

über Deutschland.

schweifung um alle ihre Lebensfreuden gebracht haben, theils von redlichen Schulmännern, die diese Pest in ihren Schulen entdeckt haben, aufgefodert worden, bey meinen Bemühungen, das menschliche Elend zu vermindern, vorzüglich dahin zu arbeiten, daß diese Quelle von sehr mannigfaltigem Jammer und Elende verstopft werde. Deswegen muß ich dieß Buch schreiben.

Es ist, wie der Titel zeigt, für Eltern und Erzieher geschrieben, die hoffentlich die Klugheit haben, und es nicht jedermann in die Hände geben werden. Deswegen habe ich nicht zu besorgen, daß das Buch schaden werde. Auch werde ich alle meine Klugheit anwenden, von diesem großen Jammer, von diesem Schandflecke unsers Jahrhunderts mit der größten Behutsamkeit zu sprechen.

Da ich nun aber wollte, daß dieses Buch recht vielen Nutzen stiften möchte, so geht meine herzliche Bitte an alle redliche Schulmänner, Eltern, Erzieher und an solche, die dieser Ausschweifung sich schuldig wissen, daß sie den großen Jammer, und das Herzleid, welches durch diese Ausschweifung angerichtet wird, und die be-

jam-

jammernswürdigen Aussichten öffnet, beherzigen, und mir zwischen hier und Johannistag 1784 zu melden:

 1) Was diesem und jenem zu dieser Ausschweifung Anlaß gegeben hat?

 2) Bey welchen Gelegenheiten sie am mehresten ist begangen?

 3) Durch welche Mittel entdeckt?

 4) Durch welche Mittel verhindert worden.

Ich verpfände meine Ehre dafür, spricht Herr Salzmann weiter, daß ich in Ansehung der Namen meiner Korrespondenten, die strengste Verschwiegenheit beobachten will. Und da diejenigen, die dieser Ausschweifung sich selber schuldig gemacht haben, durch die Schamhaftigkeit leicht könnten abgehalten werden, sie mir zu entdecken, so ersuche ich sie ohne, oder unter erdichteten Namen mir zu schreiben.

Der allwissende Zeuge auch der geheimsten unserer Handlungen, dessen Tempel wir sind und der gedrohet hat, den wieder zu verderben, der seinen Tempel verderbet, der wird gewiß jeden segnen, der zur Ausrottung dieser Greuel das Seinige beyträgt.

       Der

Der größte Theil vom Publikum wird über diese Forderung des Hrn. Salzmanns lachen, fürcht' ich.

Den Werth der Nutzanwendung, welche Hr. S. von den ihm mitgetheilten Thatsachen ziehen will, ist den meisten Lesern beym ersten Anblicke nicht einleuchtend, und um Gotteswillen — thut unser verderbtes Zeitalter, wie Hr. S. als Prediger selbst, aus Erfahrung wissen werde, ganz und gar nichts.

Statt dieser Apostrophe hätte er sein Verlangen in der Ankündigung besser notifiziren sollen: und zwar nicht eben darum, die Einsichtsvollen, von denen Er Beyträge erwartet zu seiner Absicht zu bereden, als vielmehr um die übrigen Leser seines Avertissements von dem Entschlusse, sich darauf zu unterzeichnen, nicht abzuwenden, denn diese werden, fürchte ich, der ich des gemeinen Bestens wegen solchen Werken guten Fortgang wünsche, wenn sie über die erbauliche Apostrophe genug gelacht haben, zu sich selber sagen: Herr Salzmann hat diese Materie nicht erschöpft: er hat einen Mangel an Thatsachen und Erfahrungen: er sammelt sie erst; und dann ist erst die

Fra-

Frage: ob er ihrer in hinlänglicher Anzahl bekommen wird, oder ob sie von der Art seyn werden, daß man praktische Regeln und Mittel, diesem Uebel zu steuern, werde daraus abziehen können? Wer ist es im Stande, Beyträge, die ganz zu dieser Absicht taugten, zu liefern? Und was würde nun herauskommen, wenn er auch mit den schrecklichsten Thatsachen aus den geheimen Archiven des Erzvaters Onan überhäuft werden sollte? Mit Thatsachen, die alle nach den oben festgesetzten Maaßregeln behandelt wären? Er würde dadurch mannigfältige Arten von Selbstbefleckungen mit den betrübtesten Folgen kennen lernen, und im Stande seyn, dieselben recht bringend uns ans Herz zu legen, denn die Mittel, wodurch solche Ausschweifungen verhindert worden sind, sind immer nur aus der Erkenntniß dieses Uebels geflossen. Ausbreitung solcher Wahrheiten und Erfahrungen ist dem menschlichen Geschlechte nützlich und schätzbar: daß dieses Werk aber selbst an sich zweckmässiger seyn sollte, als die Abhandlung Tissots über die Onanie, welche in allen Händen ist, und in allen Händen zu seyn verdient, daran können wir

billig

billig zweifeln, dürfte der größere Theil vom Publikum sagen.

Tissot beobachtete und erklärte, was er beobachtet hat, als Arzt: Herr Salzmann sammelt erst Beobachtungen und wird sie wahrscheinlich nur mit Deklamationen aus der philosophischen und christlichen Moral begleiten. Dieses aber sey auf keinen Fall hinlänglich u. s. w. Nun, wenn aber auch alles dieses, was man besorgt eintreffen sollte, so würde ja diese Materie mit philosophischen Anmerkungen begleitet, gleichsam den zweyten, dieses Werk ergänzenden Theil von Tissots Onanie ausmachen, und die Beweggründe diese Ausschweifung aufzugeben, wären auf alle Fälle vermehrt. Man müßte wenig Liebe für seine Kinder haben, wenn man die wenigen Groschen sparen wollte, um sich entweder gegen dieses Uebel vollkommen auszurüsten, oder sich doch von der Unhinlänglichkeit derselben zur Ausrottung jener — Gesundheit, Lebenskräfte und Talente zerstörende Ausschweifung zu überzeugen.

Zu wünschen wärs, daß ein philosophischer Arzt, der die moralische Menschenkenntniß mit der phisikalischen Verbände, ein Handbuch über diese Materie für die Jugend selbst schriebe.

Ich hatte Gelegenheit auf den verschiedenen Gymnasien, wo ich gewesen bin, wahrzunehmen, — und meine guten Freunde, welche anderwärts studirten, und die ich darum befragt habe, gestanden mir aufrichtig zu, daſſelbe wahrgenommen zu haben, daß zwey Dritttheile der Knaben von 12 Jahren mehr als einmal des Tags durch den Weg der Onanie Gedächtniß, Lust zum Studiren und Gesundheit von sich abgeleitet haben. Zu Wien hab ich einen Knaben von 8 Jahren gekannt, welcher in seiner Kindheit von einem geistlichen Hofmeister, der sich anakreontisch deſſelben bediente, verführt, in eine Krankheit verfiel, wo man ihm seine Hände, während daß ihn der Arzt besuchte, auf den Rücken binden, und als er wieder in etwas zu sich kam, noch immer fortfahren mußte, dieses Mittel zu seiner Selbsterhaltung anzuwenden. Er war zu jung, um die Gründe dagegen mit derjenigen Klarheit und Deutlichkeit zu faſſen, die dem Reiz der Onanie Uebergewicht gegeben hätte.

Vie=

Viele von diesen Knaben sind nicht einmal von andern dazu verführt worden. Sie haben es entweder andern Thieren abgelernt, oder sind zufällig auf die Kunst, sich dergleichen Vergnügen zu verschaffen, gekommen. Die Morgenstunden, welche sie im Bette ohne Schlaf zubringen, sind die gefährlichsten für sie, weil sie für die Onanie die günstigsten sind.

Die Gesundheit des Körpers kündigt sich, wie bekannt, durch die Schamtheile dergestalt an, daß selbst die Knaben von 12 Jahren, deren meisten schon deutlichere Begriffe von dem andern Geschlechte haben, vielleicht schon kleine Amuren anspinnen, solche mit einigen Reizungen wahrnehmen. Dieses selbst an sich angenehme Spiel der Natur erwecket beym Erwachen eines solchen Knabens oder Mädchens die wollüstigen Ideen, welche sie in dem unschuldigen und naiven Umgang mit den Kindern des andern Geschlechts sich gesammelt haben. Diese Ideen setzen das jugendliche Blut in Wallung und erhöhen die Reizungen jenes Spiels der Natur. Hierauf entstehen, wofern die Kinder noch ganz unwissend sind, dunkle Begierden:

sind

sind sie so unwissend nicht, so wird in dem nehmlichen Augenblicke dem Altar der Venus geopfert; sind sie aber noch ganz unwissend, so kommen jene dunkeln Begierden später auf die Entdeckung, auch ohne Beischlaf, sich Entzückungen solcher Art zu verschaffen, und den Gott Hymen zu parodiren; später sage ich, und, leider! gewiß.

Der kluge Hofmeister oder Vater hat besonders in den Morgenstunden für seine Kinder und Eleven zu wachen.

Er muß sie aus dem Bette jagen, sobald sie die Augen aufthun, und sie beschäftigen. Er muß sie dann bey Tage, besonders wenn sie ihre Nothdurft verrichten wollen, wenn er Verdacht hat, sorgfältig beobachten, sie nie aus den Augen lassen, und sie mit den Kindern des andern Geschlechts, so oft es nur thunlich ist, zusammen bringen, und mit einander spielen lassen. Dieser Umgang wird ihrer Einbildungskraft das Feuer benehmen, welches in der Einsamkeit und Entfernung vom andern Geschlechte in helle Flammen ausbricht. Wenn nun aber diese Beobachtung, welche ich machte, allgemein

gemein wahr wäre; so dächte ich, stünde dem
Pädagogen nichts im Wege, schon im 10ten,
11ten oder 12ten Jahre seines Elevens
gerade zu mit der Sprache herauszurücken,
und ihn dabey aufmerksam zu beobachten.
Hat sich der Herr Hofmeister den guten
Krebit bey seinen Zöglingen zu erwer=
ben gewußt, daß er eben der Mann nicht
sey, sie an ihrem Vergnügen zu stöhren,
daß er vielmehr die freundschaftliche Ab=
sicht, solches zu vermehren, bey jeder Ge=
legenheit bezeigt habe, so wird er um so
eher zu ihren Herzen Zugang, und Glau=
ben finden. Allein er darf nicht zu viel auf
diesen Krebit bauen, sondern muß überall
hinterdrein seyn, und verhindern, was zu
verhindern er im Stande ist. Auch muß
er sich nicht eher zu Bette legen, als bis
seine Zöglinge bereits eingeschlafen sind, sich
aber dabey wohl in Acht nehmen, daß sei=
ne Zöglinge nicht seine Absicht errathen.
Denn sonst schnarchen sie ohne zu schlafen,
und treiben ihre Possen, wenn der Men=
tor zu Bette geht. Bey Tage, und be=
sonders, wenn sie beschäftigt sind, ist von
dieser Ausschweifung nicht so viel zu befürch=
ten, und in dem Umgange mit den Kindern

des

des andern Geschlechts weniger, als im Umgange mit ihres Gleichen. Dort steht diesem Laster eine gewisse natürliche Schamhaftigkeit und Zurückhaltung im Wege, die hier leichter hinweg geräumt wird. Es gewinnen auch in solchem Umgange die Sitten und der gesellschaftliche Ton. Man sucht witzig zu seyn, um andern zu gefallen, ist ausnehmend höflich und zuvorkommend, und wenns hoch kömmt, daß man sich in einander verliebt; so kanns unmöglich weiter kommen, als, wenn sich der Hofmeister umwendet — zu einem Kuß, welchen der Knabe raubt, und den das Mädchen versichert, ihn, bey nochmaliger Verwegenheit von dieser Art, bey seinem Hofmeister zu verklagen. Ist der Hofmeister dahinter gekommen, wie er denn ein sehr großer Idiot in der Kenntniß des Menschenherzens seyn müßte, so etwas nicht wahrzunehmen, so hat er einen Preis gefunden, für den sein Eleve allen Fleiß anwendet, um nur zum Lohne seiner guten Aufführung wieder einmal zu seiner Phillis zu kommen. Hier hat der Hofmeister zugleich Gelegenheit, diese Empfindungen auf Grundsätze zurück zu führen, und ihm

die=

diejenige heilsame Wissenschaft einzuflö»
ßen, ohne welche die Menschen in der
Liebe wie rasendes Vieh brutal sind.
Man fängt dabey nicht zu früh an, wenn
Kinder bereits solche Gefühle äußern:
und nur diese übertriebene Gewissenhaftig»
keit, welche man bisher hierfalls beobachtet
hat, ist Schuld, wenn viele Mädchen von
16 und 17 Jahren keine Jungfern mehr
sind, und Knaben von eben dem Alter schon
Dekokte trinken müssen.

Wenn der Hofmeister oder der Va»
ter seinen Knaben bis ins 16te Jahr oder
weiter noch gebracht hat, und überzeugt
ist, daß durch den Kanal der Onanie seiner
Natur keine Kräfte entströmten, und wenn
er zugleich überzeugt ist, daß seine natürli»
che Begierden, mit den besten Grundsätzen,
die er zum Damm derselben bestimmte,
abwechseln, so wärs dann fast rathsam, ihn
in verschiedene Bordelle zu begleiten, um
in seinem Herzen den Eckel zu erwecken,
welcher aus dem Kontrast seiner Begriffe
von der Liebe und der Aufführung vie=
ler Metzen nothwendig entstehen müßte.
Dann, wenn er alles dieses angesehen hätte, müßte er die Spitäler und Krankenhäu-
ser

ſer beſuchen, um die Folgen ſolcher Aus=
ſchweifungen kennen zu lernen. Er müßte alle
Arten dieſer Krankheiten aus den Werken der
Aerzte kennen lernen, und ſich von ihrer wirk=
lichen Exiſtenz mit eigenen Augen überzeugen;
müßte bey den verſchiedenen Operationen,
und ſelbſt dann, wenn einer oder der an=
dere daran ſtürbe, zu gegen ſeyn. Endlich
müßte man es ihm begreiflich machen, wie
leicht es möglich ſey, daß ein Mädchen,
das gegen mich äußerſt gefällig iſt, es auch
gegen andere ſeyn konnte, die nicht ſo ge=
ſund waren als ich. Dieſes ſind die ein=
zigen Mittel, die Jugend von Ausſchwei=
fungen dieſer Art abzuhalten.

Ich glaube nicht der erſte zu ſeyn,
der es geſagt hat, auch nicht der erſte,
dem hierinn widerſprochen wurde. Herr
Salzmann mag weitläuftiger darüber han=
deln, ich werde ſein Werk mit Vergnü=
gen leſen.

Er giebt ferner heraus:

3) Beyträge zur Verbeſſerung des
chriſtlichen Gottesdienſtes, geſammelt und
herausgegeben von Fiſcher, Hermes und
ihm ſelbſt.

Die

über Deutschland. 271

Die Einrichtung des christlichen Gottesdienstes (sagt Herr Salzmann) ist durchgängig so zweckwidrig und geschmacklos, daß schon öffentlich darüber gespottet wird. Da nun gleichwohl der öffentliche Gottesdienst für die mehresten Christen das einzige Mittel ist, Religion und Tugend zu erlernen, und auch die rechtschaffensten und aufgeklärtesten Prediger daran nichts ändern dürfen, wenn sie nicht Rebellion erregen wollen, so ist zu besorgen, daß nach und nach gänzliche Irreligion einreissen, und Unglaube nebst seiner Tochter dem Laster ungescheut sein Haupt empor heben würde. Eine Verbesserung des öffentlichen Gottesdienstes ist also das höchste Bedürfniß unserer Zeit, und vorgenannte Personen haben sich deswegen dahin vereinigt, das Volk zu einer bevorstehenden Reformation vorzubereiten, und redlichen Lehrern den Weg dazu zu bahnen.

Es wird deswegen dieß Buch enthalten: Beweise von der Nothwendigkeit einer Reformation des öffentlichen Gottesdienstes, Mittel, das Volk zu bewegen, sie anzunehmen, und Muster, von bessern Gebete beten, Vorträge bey der Feyer der Taufe und des Abendmahls u. s. w.

Es ist billig, das weite und noch ziemlich wüste Feld zu beurbaren: es ist auch wahrscheinlich, daß nach und nach der Schatz von gesunden Grundsätzen, die Disteln, und das Unkraut wegdrängen werde. Eh die Hirten — denen es um die Schaafe nur ihrer Wolle wegen zu thun ist, die Kanzel verlassen werden, ist auf die Reformation des Gottesdienstes nicht zu gedenken. Wenn die Verbesserung der Gesänge zu Berlin einen Aufruhr veranlaßte, und den ehrwürdigen Spalding im Porträt auf den Galgen brachte; so würde die Reformation eines ganzen Gottesdienstes die Reformatoren in Lebensgefahr setzen müssen. Allein es kann nicht schaden, dagegen in allen Schriften loszuziehen. Das Volk muß vorbereitet werden, um bey den Zerstöhrungen der Altäre seines Aberglaubens ruhig zu bleiben. Wenn die Gesänge der Lutheraner, durchaus von Porsten gereinigt, dem Herzen nahe gelegt und fähig sind, zu rühren, und den Verstand aufzuklären; und wenn die Prediger vernünftige Männer sind, denen es

we-

weniger um ihren Ruhm, welchen sie sich durch eine zizeronische vom Volke misverstandene und wegen ihrer übertriebenen Pracht bewunderte Beredsamkeit erwerben können, als um das Wohl ihrer Schäfchen zu thun ist, so kann der lutherische Gottesdienst noch immer der geistlichen Gemeinde in dem Staate ersprießlich seyn.

Solcher Gottesdienst wird zu Berlin bey Spalding, Tellern, Diedrich, Zöllnern und wenigen andern, zu Leipzig bey Zollikofern u. s. w. gehalten. Da hat man wirklich nicht nothwendig, dem Volke durch Neuerungen, die überall angefeindet werden, die Köpfe warm zu machen.

Der bessere Gottesdienst der Lutheraner und Kalviner, ist noch immer dem übel verstandenen katholischen vorzuziehen. Die lateinische Messe zu hören, die oft durch die lärmende Musik vollends betäubend wird, und auf keinen Fall den Verstand aufklären oder das Herz rühren kann, wird alle Sonn= und Feyertage bey einer Todsünde dem Gläubigen geboten. Die Predigt zu hören hingegen, durch welche er aufgeklärt, in der Religion und seinen Pflichten besser unterrichtet, dadurch gesittet

S und

und dem Staate nützlich und brauchbar gemachet werden könnte, — dieses ist dem Christen, wenigstens nach der Erklärung Einiger willkührlich. Der Vortrag der Prediger ist nicht reizend genug, ihn anzulocken, und so sind gewiß mehr als 2 Drittel Katholiken, die gar keine Predigten hören, und mehr als 2 Drittel von dem obigen Drittel, die dadurch nur noch verwirrter gemacht werden. Was soll sie erbauen? Was sie unterrichten? was ihre christlichen Grundsätze läutern und mehren? Ihre Gebetbücher sind fast durchgehends mit dem gröbsten Aberglauben angefüllt, und daher ist auch ein katholischer Christ, der aus geläuterten Grundsätzen der Religion handelt, ein Wunder in der Natur.

Die lateinische Messe, welche eine dramatische Vorstellung der Leiden des Erlösers ist, könnte interessant in einer deutschen oder böhmischen u. s. w. Uebersetzung oder durch Gebetbücher werden, die aus dem Herzen und Kopfe eines philosophisch=christlichen Denkers, und nicht aus der Kapuze der Brüder des H. Franz hervor keimten, wie's noch gebräuchlich ist.

Hi=

Historisch-kritisches Bild von Deutschland.

Eine Skizze.
Karoline und Friedrich.

Graf Friedrich wurde von einheimischen und auswärtigen Brüdern, deren Väter er nie gekannt, als Kavalier und reicher Maurer bestürmt, auf Reisen zu gehen. Man hat ihm mit vieler Beredsamkeit die Annehmlichkeiten der Reise in der steten Abwechslung der Gegenstände vorgestellt; der Nutzen nicht minder, verschiedne Nazionalcharaktere und Sitten als nothwendige Folgen der mannigfaltigen Regierungsarten und Religionen kennen zu lernen. Die mancherley Industrien, Fabriken, Rafinerien und Manufakturen, diese Seele des Handels mit eigenen Augen in ihren einzelnen Theilen und in ihrer Uebereinstimmung zu dem großen Endzwecke, ganze Nazionen durch gegenseitige Hülfe blühend zu machen, zu übersehen; die zerstreuten Kunstwerke der alten Griechen und Römer im Kontraste mit den Geburten der neueren Kunst zu bewundern, welche letztere gegen jene königlilichen stolzen Produkte der Alten, — den Zuschauer um christliches Almosen anzubetteln scheinen, und an ihrer übereilten Behandlung von allen Seiten den Hunger ihres Schöpfers verrathen, der um Brod zu haben, sie zu vollenden *) nicht genug eilen konnte; mit den Gelehrten von ganz Europa nähere Bekanntschaft zu machen, und solche mittelst eines alle Fächer der Wissenschaften umfassenden Briefwechsels, welcher für einen denkenden Kavalier die wünschenswertheste, amüsanteste und nützlichste Beschäftigung seyn muß, zu unterhalten; die Denkungsart, Intriquen und Galanterien der Höfe in den Erholungsstunden vor den Richterstuhl seiner Vernunft zu fodern, den Geschmack verschiedener Provinzen in ihren öffentlichen Unterhaltungen, Schauspielen und Gesellschaften zu prüfen, und durch diese den Erholungsstunden gewidmete sehr angenehme Beschäftigung selbst seine Menschen-

kennt=

---

*) Man erinnere sich hier der Meisterstücke, welche die Kaiser und Helden der Römer vorstellten, und deren Urheber dafür gesorgt haben, daß sie eben so unsterblich sind, als die Namen der Helden selbst.

Kenntniß, die nothwendigste aller Kenntnisse zu erweitern. Im Gegentheil hat man ihm sehr lebhaft vorgestellt, wie schimpflich es für einen Edelmann vom ersten Range sey, außer der Hauptstadt seiner Provinz und denen ihm angehörigen Dörfern nichts gesehen und von der ganzen Welt nur dunkle und erborgte Begriffe zu haben, die von allen Seiten (weil entweder die Reisebeschreiber zu kurzsichtig waren, die Gegenstände, welche sich ihnen darstellten, nicht zu beurtheilen wußten, oder mit Willen die Sachen übertrieben haben, um ihre Werke dem Leser interessanter zu machen) mit Gaskonaden ausgespickt seyn müssen. Man hat ihm endlich begreiflich gemacht, wie sehr ihm der Maurerorden, in welchen er getreten sey, auf seiner Reise behülflich seyn werde, die genauere Kenntniß ihres Vaterlandes und ihres Hofes gegen jene des Seinigen zu vertauschen. Da erst werde er die Herrlichkeit und den Nutzen dieses Ordens erfahren. Er werde in jeder Stadt Europens Brüder finden, deren Väter er zwar nie gekannt, die aber nichts destoweniger verpflichtet sind, ihm als wahre Brüder in

al=

allen Dingen beyzustehen. In diesem Orden befänden sich, wie er aus den Listen selbst sehen werde, die geschicktesten, gelehrtesten und angesehensten Männer, denen es folglich weder an Mitteln noch an Talenten, am allerwenigsten aber an Offenherzigkeit, Aufrichtigkeit und Bereitwilligkeit mangele, ihm in allen Angelegenheiten zu dienen. Er werde seinen Kopf mit den brauchbarsten Ideen bereichern, folglich werde er auf seine übrige Lebenszeit um so glücklicher seyn.

Friedrich war, bis auf ein Hinderniß, das ihm noch im Wege stand, entschlossen, seine Vernunft konnte keine Gründe den obigen entgegen setzen. — Allein, sein Herz nannte mitten in der lebhaften Vorstellung der Seligkeiten, die eine angenehme Reise verschaft, Karolinens Namen, und verschwunden war auf einmal der ganze Kram seiner reichen und verschwenderischen Phantasie.

Indessen, wenn doch schon einmal die Vernunft von den überwiegenden Vortheilen einer Sache überzeugt ist, so kann wohl das Herz einige Exceptionen machen, allein siegen kann nur immer die überzeugte Vernunft. Die Wahrheit kann nirgend
ben

den Prozeß verlieren, wo der Richter helle Augen hat.

Friedrich hat sich also fest vorgenommen, Karolinen seinen Entschluß bey der ersten Zusammenkunft zu eröffnen. Dieß geschah, wie der Leser leicht vermuthen wird, noch den nämlichen Tag. Er gab dem ängstlichen und faden Gespräche, das, weil er, mit anderen Ideen beschäftigt, keinen Theil daran nahm, nicht anders als fade und ängstlich seyn konnte, eine zweckmäßige Wendung, und entdeckte, mit beygesetzter Bitte, es ihm ja zu erlauben — Karolinen sein Vorhaben. Er betheuerte sie, daß er unendlich mehr dabey verliere als sie, und daß er den geringen Verlust seines persönlichen Umgangs ihr gewiß durch die interessantesten Briefe, die sie mit jedem Posttage erhalten soll, vielfältig zu ersetzen wissen werde. Es ist nothwendig, fuhr er fort, daß ich, eh ich in unbekannten Weltgegenden wandere, zuerst Deutschland, und dann Italien, Frankreich und Engeland, wo noch Menschenverstand herrscht, oder Schätze der Kunst aufbewahrt werden, bereisen und studiren muß. Um den Charakter einer

ner fremden Nazion verläßlich richtig zu beurtheilen, muß man zuerst mit dem der einheimischen genau bekannt seyn. Man muß ihre Lage, Bedürfnisse, Produkte, Regierungsform, Religion, und wo möglich, selbst ihre Sprache kennen, um den Gehalt ihres Nationalgenius zu detaxiren. Welch' eine Unterhaltung für Sie, gnädigste Gräfinn, alle Posttage, Briefe voll neuester Erfahrungen von aller Art, mit Kritik, so gut sie meine Einsichten und mein Witz liefern können, begleitet, zu lesen, und dieselben mit den interessantesten Nachrichten aus meinem Vaterlande zu erwiedern. Durch diesen literärischen Stichhandel werden wir trotz der weitesten Entfernung verbunden bleiben, und stets einander gegenwärtig seyn.

Es bleibt dabey, liebenswürdige Freundinn, ich will des ehestens meine Reise durch Deutschland antreten.

Karoline. Wenn es dabey bleibt, und sie wollen — dann hab ich nichts weiter zu erlauben, und nichts zu verbieten. Sie sind mein Liebhaber, den ich nie, und Sie verlangten es niemals, begünstiget habe. Unsere Verbindung haben blos ihr

Ver=

Verstand und meine Neigung zu Paradoxen belebt: welch ein schwaches Leben gegen jenes der Liebe, die so sparsam genießet, daß sie stets beym guten Appetit bleibt — deren Genuß, so zu sagen, nur den Hunger vermehrt? — Diese Liebesintrique, auf welche sich nur eine Bombabur, eine Barri — eine Enken (letztere aber schlecht genug) verstehen, — wird nie eine Karoline billigen, niemals nachahmen, sollte es auch nur darum seyn, weil sie nichts nachahmen will. Allein, lieber Friedrich, ich geb ihnen das, was nicht seines gleichen in der Welt hat, ich geb ihnen mein Herz zum Pfande, daß die Prinzen, welche sichs Millionen kosten ließen, die erwähnten Damen zu belohnen, nie halb so geliebt wurden, — als sie, und dennoch, zählen sie es zu meinen übrigen Paradoxen, werden sie niemals in die Rechte meines Gattens eingesetzt — niemals, wofern sie — begehren, — befriedigt werden, so sehr meine Einbildungskraft in gewissen Augenblicken das Wort ihrem Verlangen führt, und mir die Befriedigung ihrer Begierden als das höchste Glück auf Erden vorstellt.

Sie

Sie haben sich also gar nichts weiter von mir zu versprechen; die Freundschaft zwischen uns, merke ich wohl, ist aufgelöst, und obwohl sie mir so lieb ist, wie mein Leben, so werd ich sie dennoch nie auf eine Art, worüber ich nach der Hand erröthen müßte, zu befestigen suchen.

Ich weis es sehr wohl, lieber Friedrich, daß sie mich mehr lieben, als sie mein Freund sind, daß sie verlangen, was ich nicht gewähren darf, und ich bin Weib genug, sie dieses unmoralischen Verlangens wegen, zu lieben, — denn die Begierden eines Mannes beleidigen nie ein Weib und entschuldigen fast stets die Impertinenzen, wozu sie ihn verleiten. Allein sie können meine Denkungsart, meine Grundsätze und Narrheiten. Außer einen Kuß, und herzlichen Druck auf meine Brust, haben sie nichts zu hoffen. Folglich werd' ich sie von ihrem Vorhaben nicht abhalten können. Sie werden Deutschland, Italien, Frankreich und England sehen, sie werden an das Vagabundenleben gewohnt, die von der Sonne schwarz gebrannten Neger, und die halb erfrornen Grönländer besuchen

chen, und werden in 10 oder mehrern Jahren erfahren, was sie in einigen Tagen hätten erfahren können. Unsere Reisebeschreibungen sind so ziemlich verläßlich, und um das, was nicht verläßlich ist, zu berichtigen, ist wirklich die Mühe nicht werth, 10 Jahre hindurch ein Vagabund zu seyn. Wie können sie glauben, verantworten zu können, sich ihren Freunden, und was noch mehr ist, ihren Unterthanen entzogen; den Schweiß ihres Fleißes zu Paris und London verprasset, sie alle dafür der Hartherzigkeit der Beamten preis gegeben? oder allen diesen väterlichen Pflichten, zu welchen sie verbunden sind, genug gethan zu haben, wenn sie dermaleinst sagen werden: Ich habe Garrick oder le Kain gesehen! Glauben sie dem Bauer, der für sie im Regen, Frost und Sommerbrand arbeitet nichts als sein Herr, nichts als Mensch schuldig zu seyn? Fühlen sie keinen Beruf — kein Glück in der Vorstellung und dem Bewußtseyn — 20000 Menschen, wozu sie keine Strafgesetze gezwungen haben, bloß aus Ueberfluß ihre Herzensgüte — glücklich gemacht zu haben? Fühlen sie ihrem Vaterlande, de, wo sie gebohren, erzogen und gebildet wurden — nichts schuldig zu seyn? Was können sie lernen (und wenn sie auch die ganze Welt bereisten) was nicht bereits bekannt wäre, und ihrem Vaterlande oder ihren Unterthanen frommen könnte? Sie sind kein Künstler und Manufakturist, um dermaleinst zur Aufnahme der Kunst und der Manufaktur nützliche Vorschläge zu thun, Sie sind kein Kaufmann um den Handel auf bessern Fuß zu setzen, als er gegenwärtig ist, sie sind kein Landwirth, um die Oekonomie zu reformiren ꝛc.

Nur in solchen Absichten könnte ein Reisender sich dem Vaterlande nützlich beweisen: sonst reiset er bloß um seines Vergnügens willen, und opfert diesem Vergnügen alle die heil. Pflichten auf, die er als Patriot seinem Vaterlande, und als Herr mehrerer Güter, seinen Unterthanen schuldig ist.

Friedrich. Gnädigste Gräfinn, sollte es wohl des Vergnügens wegen gereiset seyn, wenn

Karoline.

über Deutschland.

Karoline. Verzeihen Sie, daß ich sie unterbreche. Ja, blos des Vergnügens wegen; das ist hinlänglich bewiesen. Wir wollen aber auch zum Ueberfluß als bewiesen annehmen, daß bey diesem Vergnügen keine Pflichten in Kollision kommen, es daher billig und recht sey. Wie groß glauben Sie, wird ihr Vergnügen seyn, Deutschland durchgestrichen zu haben? Wir wollen zuerst nur von Deutschland reden. Sie werden eine große Anzahl kleiner Tyrannen, geistliche Regierungen, die um erbarmen anstehn, Reichsstädte, die jener verfallener römischer Republik Staatsverfassung in der elendesten Farce vorstellen, indem sie aller Orten schreiben, Senatus Populusque Halensis, Nördlingensis &c. wo aber keine Fünkchen römischer Freyheit und Vaterlandsliebe herrscht; deren Bürger sich vielmehr außer den Ringmauern ihres Vaterlandes schämen; nur selten werden sie einen großen Fürsten in einem Lande finden, wie es z. B. der Karlsruher ist, der für seine 200000 Unterthanen mehr thuet, als manche für ihre Millionen, der, obwohl sich seine Einkünfte, weil seine Länder zu sehr zerstreuet

sind,

sind, nicht über 1200,000 fl. belaufen, an Erziehung, Polizey und andern wohlthätigen Anstalten es sehr mächtigen Fürsten zuvorthut. Solche Entdeckungen, die sehr selten sind, werden ihnen blos dienen sich zu erholen, nachdem sie sich außer Athem geflucht, und über die abscheulichen Despoten übersatt gescholten haben. a) Zu Bruchsal werden sie einen Bischof finden, der zwar ein guter Regent ist, aber Anwandlungen von böser Laune hat; in welcher er alle Mädchen zu Nonnen investiren, und alle Männer kastriren möchte; der kein Frauenzimmer ansehen kann, ohne auszuspeien. Dieser Fürst hat 30,000 fl. Einkommens. Hier sind sie offenbar in einer sehr finstern Nacht, und werden sich vermuthlich nicht gar zulange hier aufhalten wollen. Sie werden wegeilen und der Ruhm des Herzogs v. Würtemberg wird sie nach Stuttgard ziehen. Was werden sie sich von dem an seinem 50 Geburtstage erschie=

a) Siehe Briefe eines reisenden Franzosen über Deutschland an seinen Bruder zu Paris. MDCCLXXXIII.

schienenen Manifest nicht alles versprochen haben? Allein, sie werden da erfahren, daß eine in Verwirrung gebrachte Regierung nicht sobald ganz und gar reformirt wird. Sie werden da noch wie in Oesterreich einen überflüssigen das Land aussaugenden Schwarm von Schreibern, Räthen, Prokuratoren und Advokaten finden, deren Hälfte wenigstens abgeschaft werden könnte, und die durch die Landesverfassung berechtigt sind — numerus zu seyn und fruges consumere nati. Selbst die schon freylich reduzirte Hofstaat des Herzogs werden sie noch nicht reduzirt genug finden. Sonst hielt man 14000 Mann Soldaten, nun versehen das Amt 5000 eben so gut. Stuttgard zählt 20000 Einwohner, Leute, die, obwohl sie fast alle protestantisch sind, Bigotterie und Aberglauben in ihren Herzen hegen, auch nicht leicht in diesem Punkte vernünftiger denken werden, weil ihre Geistlichen, die gegenwärtig zu den Landständen gehören, bey einer Veränderung mit ihrer Orthodoxie zu viel verlieren würden. Ihre Sitten werden dadurch nicht gebessert. Dieß ist einer der größern Staaten, welcher im Aufblü=

blühen ist — und gewiß noch glücklicher werden wird, als er ist — und was können sie da für Vergnügen haben? Laſſen sie mich hier nicht der kleinen Fürstenthümer, Graffschaften, Prälaturen und dergleichen erwähnen, die bey den Erpreſſungen kleiner Fürsten, welche ihre Mätreſſen, Jagdhunde, französische Köche, und wohl gar englische Pferde haben müſſen, schmachten. Was sie noch da bewundern werden, ist die Volksmenge, die sich in einem Grab erhält, welcher (bey dem Gezerre mit ihren Nachbarn, das durch die verwirrte Verfaſſung des heil. röm. Reichs ins unendliche gezogen wird; bey den geringen Vortheilen die ein kleiner Staat seinen Unterthanen gewähren kann, bey dem immer anhaltenden Geldverlust, indem der kleine Herr seinen Luxus größtentheils mit fremden Waaren befriedigen muß ꝛc. ꝛc.) ganz und gar nicht zu vermuthen wäre. Allein die Schwaben vermehren sich wie Kaninchen in elenden Löchern, und wandern aus, weil sie keinen Raum mehr finden. In solchen kleinen Staaten ist der Luxus zu sehr beschränkt, die Konsumption zu gering. Manufakturen

ren können, da nicht gedeihen; die Ausfuhr des Kunstflusses in fremde Länder ist durch Zölle und Mauten erschwert. Sie hängen alle auf den Brüsten der Natur. Was sie nicht in dem Erdboden erzeugen, das haben sie auch nicht. Was der wunderbaren Bevölkerung dieser schwäbschen Ländchen noch ersprießlich ist, ist die Handhabung der Justiz. Sie hat freylich ein gothisches Ansehen; ist die Mutter der Chikane, zieht die Prozesse zuweilen bis auf Enkel und Urenkel herab, gewöhnt aber zugleich durch ihre Formalitäten die Richter an kalte Ordnung, von der sich die Gerechtigkeit mehr, als von den Launen derselben zu versprechen hat, die einer feurigen Beredsamkeit oft zu Gebote stehen. In diesen kleinen Staaten hört man freylich wenig von Unterdrückung einzelner Personen, allein die Despotie dieser Souverainchen spielt dafür auf das Ganze. Die Erpressungen werden repartirt. Man foltert da noch, man rädert, hängt und spießt pünktlich nach der Karolina. Es ist auch nicht lange her, daß man noch Hexen verbrannt hat.

Sie werden das Stammhaus Friedrich des Großen finden, der ein Abkömmling

ling eines jüngeren Astes des hohenzollerschen Stammes ist, deß kleinsten fürstlichen Hauses in Deutschland, dessen zween noch lebende Aeste Hechingen und Siegmaringen zusammen keine 70,000 fl. Einkünfte haben. Da werden Sie stehen bleiben und erbauliche Gedanken anstellen; wie es möglich war, daß ein Abstämmling von dem winzigsten Souverainchen in Deutschland binnen 100 Jahren — eine solche Tabelle, wie diese ist, hat verfertigen lassen können. Wer hätte es vor 100 Jahren gesagt, daß einst Friedrich von Hohenzollern gegen die vereinte Macht der größten europäischen Häuser stehen, und das Gleichgewicht in Norden halten werde; und wer sollte glauben, daß er den größten Theil seiner Macht — dem Orden der Jesuiten zu verdanken hat.

Friedrich. Abermals eine sehr auffallende Sophisterey.

Karoline. Wenn die Erziehung den größten Einfluß auf die Regierung hat: wenn es wahr ist, daß sie den Werth der Köpfe der Minister und der Heerführer bestimmt, so ist es keine. Oder, würde wohl der König auf Unkosten Oesterreichs
sich)

sich haben so bereichern und verstärken kön=
nen, wenn Anno 20 in Oesterreich eben so
viele Köpfe vorhanden gewesen wären, als
Anno 1778. — und Maria Theresia eben
so gut hätte zu Felde ziehen können, als
nun Joseph? —

Ferdinand der zweyte hat gegen die
Türken mit Geistlichen, und heiligen Mes=
sen gestritten, und die Hände indessen in
die Tasche gesteckt. Vielleicht war's da
gewesen, daß die Türken den Kaiser hät=
ten demüthigen können, wenn Sie nicht
Türken gewesen wären; — Heute möchte
wohl der Kaiser statt des Rosenkranzes den
Degen ziehen, und für sich diejenigen be=
then lassen, die nicht Muth genug haben,
zu streiten.

Gott macht kein Wunder, und das
Krucifix, welches mit Ferdinanden sprach,
hat seit jener Zeit kein Wörtchen mehr
gesprochen. Mit dem blossen Gebet ist
nichts ausgerichtet. Gerechte Sache mit
Muth behaupten, heißt zu dem Gerechten
im Geiste bethen: und dieses Gebet ist
fruchtbar an siegreichen Folgen. Die Mön=
che, welche in den Kreuzzügen Schwerter
umgürteten, und die Dominikaner, wel=
che

che die heil. Inquisitionen mit Werkzeugen
des Todes bewaffneten, sahen die Wahr=
heit dessen ein, daß blaßes Gebet zur Be=
kehrung der Ketzer und Ungläubigen nicht
sonderlich viel beyträge: und ungeachtet
der König von Preußen kein einziges 8
Groschenstück im vorletzten Krieg für eine
Messe ausgelegt hat, so eroberte er den=
noch Schlesien und machte seinen Namen
unsterblich. Ich will hiedurch kein Gebet,
von welcher Art es sey, verachtet haben, ich
behaupte nur, daß man sich nicht gänzlich
darauf verlassen dürfe, und, um wieder auf
den Orden des heil. Lojola zurückzukom=
men; würde der König Friedrich Schle=
sien erobert und sich so vielen großen Mäch=
ten furchtbar gemacht haben, wenn er,
seine Minister und seine Feldherren von den
Gliedern der Gesellschaft Jesu wären erzo=
gen worden? — Darum eben, weil er ih=
nen insbesondere den größern Theil sei=
ner Macht und seines Ruhms zu ver=
danken hat, hat er nach der Aufhebung die=
ses Ordens seine Jesuiten noch immer
beschützt. Man wollte noch eine andere
Ursache anführen und sagen, daß er durch
diese gnädige Toleranz die übrigen in an=
bern

dern Provinzen aufgehobene und zerstreute Glieder mit sammt ihrem Gelde, welches sie aus dem Feuer, das Ganganelli über ihren Köpfen anzündete, sorgfältig gerettet haben mögen, nach Preußen habe ziehen wollen.

Wenn sie nun mit solchen erbaulichen Gedanken, die sie eben so gut hier als an den Gränzen des Fürstenthums Hohenzollern anstellen können, zu Ende kommen werden, so wird diese süsse Träumerey von einer bittern unterbrochen werden, wenn sie nach Augsburg, Konstanz, oder sonst wohin kommen werden, wo die gesunde Menschenvernunft von der Pest des Aberglaubens und des Hochmuths ergriffen — rein ausgestorben ist. Sie werden zu Konstanz vom Aberglauben und Ahnenstolze den Kunstfleiß erdrücket finden; sie werden den Ahnenstolz der Domherren und des Adels alles verachten sehen, was zu dem erwerbenden, fleissigen, thätigen, und also verehrungswürdigsten Stande gehört; sie werden hören, daß dieser Stand täglich vermindert werde, weil die Reichsten aus demselben, sich baronisiren lassen, um andere, die noch Bürger bleiben müssen,

eben

eben so verachten zu können, wie sie selbst verachtet wurden. Sie werden es wahr finden, was der Franzose über den deutschen Adel angemerkt hat, dessen Briefe ich bis hieher benützt habe, um Ihnen Deutschland abzuschildern, das sie durchstreichen wollen. Er sagt, und man kanns nicht oft genug wiederholen: Wenn nicht so ungeheuere Verschwendung und lächerliche Titelsucht unter dem großen deutschen Adel Mode wäre, wenn er mehr Geschmack an Wissenschaften und Künsten hätte, wenn er ein besseres Vergnügen als das an Pferden, Hunden, prächtigen Wägen, vielen Bedienten u. s. w. kennte, wenn er etwas mehr als einen steifen Rücken, gezwungene Stellung der Füsse, eine gute Art sein Geld zu verspielen, das elende Jargon und gewisse Krankheiten aus Frankreich zu holen wüßte, so könnte er die glücklichste Klasse von Erdensöhnen seyn. Fast ganz unabhängig, wie er ist, könnte er im weitesten Verstande der Schöpfer des Glücks seiner Unterthanen und von ihnen angebetet werden. Aber dafür hat dieser Auswurf der Menschheit — den Menschen als Regierer vorgesetzt, kein

Gefühl. Allein die Natur selbst übernimmt die Rache dafür, durch ihre dumme Verschwendung an den Höfen werden ihre Güter verschuldet, und ihre Leiber ausgezehrt. Was wollen sie von dieser Gattung Menschen lernen? Was versprechen sie sich in ihrer Gesellschaft für Vergnügen?

Sie kommen nach Augsburg, ich halte mich blos bey den berühmtesten Oertern Deutschlands auf, — und werden nur Trümmer von dem alten Augsburg finden, wo keine Fugger und Welser mehr leben, die den Kaisern Millionen vorschleßen können. In dieser Stadt — sind nicht über 6 Häuser die 200,000 fl. und keine 15 die 100,000 fl. im Vermögen haben. Der große Schwarm von Kaufleuten, davon ein guter Theil Karossen haben muß, schleppt sich mit einem Kapitälchen von 30, bis 40,000 fl. herum: macht den Krämer, Mäkler und Kommißär. Er ist zu Anlegung der Fabriken zu träge. Einige wenige Häuser thun etwas in Wechselgeschäften, und der Weg durch Tyrol und Graubündten veranlaßt hier einigen Gegenhandel zwischen Italien und Deutschland. Nach diesen Krä-

mern

mern und Mäklern sind die Kupferstecher, Bilderschnitzer und Maler der ansehnlichste Theil der beschäftigten Einwohner. Diese ihre Produkte aber sind der komische Pendant zur Nürnberger Quinquaillerie. Es gab noch immer Leute von Tallenten unter ihnen, allein — da der Reiche, oder der Adelliche in Deutschland noch immer nur selben Geschmack besitzt, so mangelte es ihnen nothwendig an Unterstützung, und sie waren gezwungen, für die Kapuziner zu arbeiten. Sie versehen fast das ganze katholische Deutschland mit Bilderchen für Gebetbücher und zur Auszierung der Bürgerhäuser. Die dasige Künstlerakademie bildet Handwerksleute. Der Rath geht lange schon mit Beförderung der Industrie schwanger. Allein ihr kennt Leute dieser Art. Sie selbst werden wohl gern breit und fett, wenn ihr aber verlangt, daß sie für das Fett anderer sorgen sollen, gute Nacht! das läßt ihr eigenes Fett nicht zu. Die Patrizier lassen hier die Plebejer nicht aufkommen, und wenn der Kunstfleiß einen aus dem Volk erheben will, so treten ihm jene so lange auf den Kopf, bis er wieder niedersinkt. Neunzehn Theile der Einwohner

wohner ist das einfamste Kanaille, das immer bereit ist, sich selbst aufs erste Signal aus Religionshaß zu erwürgen: das seinen Arbeitslohn im Bier versäuft, und nicht eher auf die Größe seiner Vorfahren denkt, als wenn es besoffen ist.

Die Katholiken, welche im Ganzen zahlreicher sind, als die Protestanten, werden von dem Pater Feldmarschall Merz kommandirt, der in der Qualität eines Kontroverspredigers zu gewissen Zeiten die eine Hälfte von Augsburg rasend, die andere lachend macht.

Dieser Kontroversist hat bey Anwesenheit des Pabstes zu Wien seine Schriften Ihrer Heiligkeit überreichen lassen, und eine Antwort erhalten, die sehr merkwürdig ist. Wir haben Eure Schriften, sagten da des Pabstes Heiligkeit, erhalten, sie aber, weil wir nicht Deutsch verstehen, nicht gelesen, wir sind dem ungeachtet aber vollkommen überzeugt, daß sie recht sehr gut sind, und beloben daher eueren Eifer und Weisheit ꝛc. ꝛc. Diese Rezension, wohl erwogen, ist ganz in dem Geiste der allgemeinen deutschen Bibliothek abgefaßt. Auch dieser Nikolaitenbibliothek Heil. spricht
nicht

nicht anders, wenn ihre Angehörigen oder Freunde mit gelehrten oder ungelehrten Produkten erscheinen. Wir haben zwar Euere Schrift nicht gelesen, oder, wenn wir sie gelesen, nicht verstanden, — (bis hieher muß sichs der Leser der Bibliothek schon immer zum voraus als gelesen denken, weil sie nicht aufrichtig genug ist, es laut zu bekennen) — Allein ihr seyd unser Merz — ihr gehört in den Läden oder zu den Freunden des Herrn Nikolai und folglich ist euer Werk ein Meisterstück. Da lecken denn die kunstrichterischen Hunde an dem von Eberhard auf Niklois Namen geprägten Nothanker, da posaunen sie den elenden Bunkel aus, und käufern Meißners Schriften an, weil sie bey Dycken und Breitkopfen verlegt werden, und Hr. Meißner keinen Theil an der allgemeinen deutschen Bibliothek nehmen will. Was aber sogar aus Oesterreich kömmt, das ist elend — und wenn es hundertmal besser wäre, als Bunkel. Pelzels Karl den Vierten hat auch einer der lieben Angehörigen des Herrn Nikolai angegriffen, ist aber sehr übel weggekommen; er ward mit einer Apologie Karl des IV. bedient, und mußte Pillen

schlu=

schlucken, die unangenehmer und schmackhafter waren, als Rhabarbara. Herr Obermeier zu Wien hatte sich mit Versen eingestellt, die Herr Nikolai gewiß nicht unter seine Lieblingsschriften werde aufbewahrt haben. Was das ärgste aber daran war, waren die guten Verse, obwohlen sie aus Oesterreich kamen. Hier ist, weil es nicht die Mühe lohnt, von diesem zentenschweren Journal, darinn wenigstens 90 Pf. Lügen und Kalumnien sind, weitläuftig zu reden, — eine Abbildung der allgemeinen deutschen Bibliothek, welche a priori und posteriori beweiset, daß, weil die Oesterreicher mehr als die Preußen zu käuen haben, — sie deshalb keinen Verstand haben sollen. *)

Friedrich.

*) Aus dieser Exkursion und anderen in diesem Stücke zerstreuten Zügen wird man abnehmen, daß der Verfasser desselben, ein Oesterreicher seyn möge, der seine guten Ursachen hatte, warum er seine Schrift in Amsterdam verlegen ließ. Andere werden dieß für Maske halten, und darunter einen ganz andern Mann suchen, besonders die Rezensenten, welche ihr Amt, ohne
die

Friedrich. Gnädigste Gräfinn, Sie waren zu Augsburg?

Karoline.

die Person des Schriftstellers zu kennen, dessen Korpus delikti sie vor Augen haben, nicht verrichten können. Denn z. B. müßte man ja Kranzen ganz anders behandeln als Leichtenbergen, oder einen Dritten, der noch weniger Namen hätte, und folglich von seiner Vergeltung noch viel weniger zu befürchten stünde. Noch anders aber einen versteckten Freund des Journals und fleißigen Beyträger. Denn in diesem Fall würde man nicht fragen, — was ist das für ein Titel — Offenbahrungen von Deutschland? Warum ist der Verfasser von seinem in der Vorrede festgesetzten Plane abgegangen? Warum sind nicht alle die dazu erforderlichen und versprochenen Kupfer gestochen worden? Wer Teufel! hätte unter diesem Titel solch Zeug vermuthet! — Liebe Kunstrichter! der einzige Fehler, der bey diesem Werke begangen wurde, ist, daß die Intrade des Authors nicht zulezt geschrieben wurde; dem Verfasser sind von seinen Freunden Beyträge zugeschickt worden, davon Er zuerst Gebrauch machen und seinen

Karoline. Wohl, daß sie mich erin=
nern. Ich will die Zeichnung wieder aufhe=
ben, welche ich zur Ehre der deutschen
Bibliothek verfertigte, und nach Augsburg
zurückkehren. Die Bürger dieser Stadt
rüh=

nen Plan, um diese Freunde nicht zu be=
leidigen, zwar nicht eigentlich aufgeben,
aber, ihn vollends auszuführen, auf künf=
tige Messe verschieben mußte. Die Stras=
se des Schriftstellers ist, wie bereits an=
gemerkt worden, nicht nach der Schnur
gemacht. Er hat oft Hügel, Thäler,
Sünfte, Flüsse und Brücken zu passiren,
die durch der Ferne optischen Betrug ver=
lohren, erst dann wahrgenommen werden,
wenn man nahe daran kömmt. Da hat
man oft Freunde und Vorspann nothwen=
dig. Wenn man aber nun gegen keinen
Menschen gefällig seyn und immer nur zu
nach der Schnur, aber Krümmungen feind,
fortfahren will, da kann man sicher 100
gegen 1 wetten, daß man früh oder spät
gewiß in irgend einer — Sumpfe stecken
bleibt. Wer will nun dem Verfasser ver=
argen, daß er manche Aufsätze, die so ei=
gentlich in seinen Plan nicht gehörten,
aufgenommen hat? Ihren Werth entschei=
de der Leser. Anmerk. des Herausg.

rühmen sich einer großen Freyheit, die ihnen aber im Grunde feil ist. In dieser Stadt, welche doch 3 Stunden im Umfange hat, wohnen kaum 40,000 Menschen, und das ganze eintragende Kapital derselben beträgt schwerlich über 10 Mill. Gulden. In hundert Jahren ist sie, wofern ihr nicht von oben oder von Oesterreich ausgeholfen wird, ein Haufe Bettler. Um aber die sonst so sichtbare Noth und das Elend zu verbergen, bemühen sich die dasigen Rathsherren die Stadt äußerlich zu verschönern: besonders aber schminken sie ihr Rathhaus — wie öffentliche Betschwestern, die es zu verhüten suchen müssen, daß ihre Wangen die Verrätherinnen ihres innerlichen Zustandes werden, und sie um ihren letzten Kredit bringen. Ihr Trinkwasser hat die Stadt aus dem Loch, und das Werk, wodurch sie es erhält, ist bewundernswerth. Allein, es hat den einzigen Fehler, daß sie eben dadurch von dem bayerschen Hofe, der es ihnen, so oft er will, abschneiden kann, in Kontribution gesetzt werden können.

Unter allen Kreisen des deutschen Reichs ist der schwäbische am meisten zerstückt,

über Deutschland.

stückt, und doch sehr stark bevölkert. Er zählt 4 geistliche, 13 weltliche Fürstenthümer; 19 unmittelbare Prälaturen und Abteyen; 26 Graf= und Herrschaften sind des Bischofs von Konstanz und des Herzogs von Würtemberg. Letzterer führt allein das Direktorium darüber. Das Gemische dieser vielen Regierungsarten und der Religionssekten, der Druck der Größeren auf die Kleinere, und die Dazwischenkunft des kaiserl. Hofes, welcher viele zerstreute Stücke Landes unabhängig vom Kreise in Schwaben besitzt, und zufolge eines dem Erzherzogthum Oesterreich eigenen Privilegiums seine Besitzungen in demselben auf verschiedene Art erweitern kann ꝛc. ꝛc. alles dieses giebt der Wirthschaft des Landes und dem Karakter der Einwohner eine sonderbare Gestalt. In vielen Gegenden sieht man auf einigen Poststationen die höchste Kultur mit der äußersten Verwilderung einen ziemlichen Grad von Aufklärung und Zucht, mit der tiefsten Unwissenheit und Bigotterie, Spuren von Freyheit mit der tiefsten Unterdrückung, Nationalstolz mit Verachtung oder Gleichgültigkeit gegen das Vaterland und

und alle gesellschaftlichen Verhältnisse auf die auffallendste Art mit einander abstechen; offenbar sind die größern Lande in Schwaben als die Oesterreichische, Würtembergsche und Badensche am besten gebaut. Man muß sogar blos durchreisend aus der mehr oder weniger verwilderten Landeskultur erkennen — ob die Regierung hier geistlich oder weltlich, endlich katholisch oder luthrisch sey.? das ganze Schwabenland mag in der Größe beynahe 900 deutsche Quadratmeilen betragen, in welchem Umfange ungefähr 2 Mill. Menschen leben; deren mehr als eine Hälfte den obbemelbten Häusern zugehören, obwohl diese weniger als die Hälfte des Landes besitzen. Diese kleinen Herren könnten leicht das Glück ihrer Länder seyn. — allein, sie sind zu sehr Schwaben. Gefühllos gegen die sanftere Empfindung der Menschlichkeit und die Reize der Musen hängen sie zu sehr dem Lux nach, begnügen sich nicht mit den Erzeugnissen ihres Landes, wodurch sie einen Schwamm in ihren Herzen haben, der alles Blut ihrer Staatskörper auffängt, ohne mittelst eines wohlthätigen Drucks daßelbe wieder durch alle Adern

Abern zurück fliessen zu machen. Die meisten dieser Herren sind katholisch und haben Gelegenheit ihre Kinder in reiche Stiftungen zu bringen, wodurch Apanagen erspart werden, und die vielen, die sogar geistlich sind, können mit ihren gesetzlichen Leibesprodukten ihren Staaten nie beschwerlich fallen. Allein, diese Herren, die keine Vaterliebe verbindet, für die Aufrechterhaltung und Verbesserung ihrer Länder zu sorgen, sehen sie für privilegirte Hummeln an, welche dazu bestimmt sind, ihre Länder zu brandschatzen. Fast alle, (die Höfe von Stuttgard und Karlsruhe ausgenommen) Regenten in Schwaben, sind weit davon entfernt, das Glück ihrer Unterthanen für ihren Beruf anzusehen. Die Erziehung derselben und ihre Sitten sind schon zum größten Theile in dem ersten Aufsatz über den Adel abgezeichnet. Ihre Erzieher sind *) Pfaffen: — und können

*) Pfaffen ist ein Titel, der verächtlich geworden, den man sonst würdigen Priestern und selbst dem Pabst zu Rom, ohne ihn zu beleidigen, beylegte. Allein, in dem Sinne — welchen unser Zeitpunkt damit ver-

nen diese guten Väter bilden? Ein guter Landesfürst aber — muß ein guter Vater seyn.

Friedrich. Sie haben sich genau an dem gehalten, was der reisende Franzose über Deutschland sagte, und haben wenig eigener Anmerkungen darüber gemacht. Allein, soll man ihm blindlings glauben, und nicht vielmehr selber sehen?

Karoline. Allerdings, wenn es sich hoffen läßt, daß diese Oberinspektion, wenigstens so viel Nutzen dem Vaterlande bringt, als Schaden ihm durch ihre Auswanderung und Geldversplitterung in fremden Ländern zugefügt wird. Bisher haben die Edelleute das Vergnügen zu reisen, für sehr erlaubt, nobel und nützlich gehalten. Wären sie von patriotischer Liebe und einem Vatergefühl für ihre Unterthanen belebt gewesen; so würden sie zu Hause geblieben seyn. Nennen sie mir zwey

verbindet, hat der Verfasser oder Einsender dieses Aufsatzes — Pfaffe hieher gesetzt, um die würdigen Priester mit den Aftergeistlichen nicht zu vermengen, und sie also nicht zu beleidigen. Anmerk. des Herausg.

zweye, nennen sie mir einen Einzigen, welcher sagen kann — ich habe wohl auf das Wohl meiner Landsleute anwendbaren Nutzen von meinen Reisen gehabt. Und darauf kömmts doch zuerst an. Dieses ist — wenn es ja eine in der Welt giebt, — wenn eine gedenkbar ist, — eine wahre Egoisterey, nur seines Privatvergnügens wegen, sich vom Vaterlande, seinen Freunden und seinen Unterthanen zu entfernen, um bey seiner Zurückkunft aufzuschneiden, ein französisch Menuet zu tanzen, und die einheimischen Sitten durch Vermischung der fremden mit denenselben, zu einer solchen lächerlichen Karikatur zu machen; die deutschen Chevqliers auf der Bühne, die uns so oft zur Verachtung und zum Auszischen vorgestellt wurden, sind die treuen Kopien von dem Nutzen des reisenden und vielgereisten Adels. Anders ist es da, wenn die Eltern aus Mistrauen in einheimische Schulanstalten, ihre Söhne auf fremde Universitäten reisen, und sie in der Gesellschaft großer Männer bilden lassen. Diese Reisen allein können dem Vaterlande Nutzen bringen, und sind von jenen Strei-
se-

fereien des Adels durch fremde Länder zu unterscheiden. Ein Schuhmachergesell, der da glaubt, zu Herrnhut oder London bessere Schuhe und Stiefel fabriziren zu lernen, reiset aus guten Absichten und mit mehr Nutzen, als ein Graf, Fürst oder Baron, der die Opera zu Venedig, die Komödie zu Paris und die Tragödie zu London in eigener Person besuchen will, um seinen Geschmack auszubilden. Es ist wahr, daß in den barbarischen Zeiten die Auswanderungen, Reisen und Kreuzzüge die Sitten und die Kultur Deutschlands verbessert haben. Allein damals hatte man keinen schriftlichen Unterricht; derjenige war schon ein Gelehrter, welcher nur schreiben konnte: — was er schrieb, war so dumm, wie das ganze Jahrhundert. Wenns aber klüger gewesen wäre, so wärs doch nicht gelesen und gewiß nicht verstanden worden. Nicht gelesen — weil man denn alles, selbst die größten Herren nicht ausgenommen — nicht lesen konnte, nicht verstanden, weil man wenig oder keinen Verstand gehabt hat. Da wars nützlich und nothwendig selbst zu sehen und einen andern mündlichen und wenn ich so sagen darf,

darf, sichtlichen Unterricht zu suchen; da konnten die Reisen, die den Reisenden mit fremden und besseren Sitten, Fabriken, Manufakturen, Kulturen u. s. w. bekannt machten, sich fruchtbar an dem einheimischen Wohl beweisen ꝛc. ꝛc. allein, heute zu Tage fallen die Schwierigkeiten und die Nothwendigkeit zu reisen weg. Man kann heut zu Tage die Sitten, Regierungsform und Religionen, Gewerbsarten u. s. w. aller auch, der entferntesten Völker kennen lernen, ohne nöthig zu haben, die Schwelle seines Hauses zu verlassen; und zwar genauer und verläßlicher, als wenn man alle diese Gegenden selbst bereisen und nicht darüber lesen wollte, was denkende Köpfe darüber gesagt haben. Getrauen sie sich z. B. mehrere Bemerkungen über Deutschland zu machen, als der reisende Franzose, dessen Briefe ich benützt habe, um sie zu überzeugen, wie wenig Nutzen sie sich von allen möglichen Reisen versprechen dürfen? Wir wollen, weil sie doch geneigt sind, sich mit Deutschland näher bekannt zu machen, fortfahren, die Skizze zu einem historischen Bilde von Deutschland zu erweitern, um, wenn wir diese einmal zum Grunde gelegt

legt haben, künftig das Bild selbst ausmalen und in allen seinen Theilen vollenden zu können. Wir wollen alsdenn öfters darüber und weitläuftiger sprechen. Wollen die merkwürdigsten Staaten mit kritischen Augen durchspähen, und Vorschläge zu ihrer Verbesserung in die Luft schicken. Diese Seifenblasen werden wenigstens ihrer Regenbogenfärbigkeit wegen hübsch anzusehen seyn. Ob es Herren geben wird, die, wenn sie schon zu viel Langeweile bey ihren Hunden und Pferden in Bordellen und Reitschulen haben werden, sich damit abgeben dürften, diese Seifenblasen genauer zu untersuchen, denn wir wollen sie a la Roberts vor aller Augen aufsteigen lassen, und wenn sie bewährt gefunden werden sollten, zu benützen, darum haben wir nicht nöthig, bekümmert zu seyn. Ich habe eine ausgebreitete Korrespondenz in Deutschland. Sie hatte bis hieher unterhaltende Anekdoten zu fischen, und Litteraturnachrichten zu sammeln zur Absicht, künftig soll mein Briefwechsel mit den überall zerstreuten witzigen Köpfen, politischkritisch werden. Sollte uns dieß nicht mehr Vergnügen verschaffen können als ihre Rei-

se

se? *) Wir entscheiden nichts im voraus, wollen auch nicht bestimmt versichern, daß Kritik über Deutschland im weitesten Verstande der einzige Gegenstand unserer Gespräche werden soll.

Es ist nichts unerträglicher als sich gefesselt an einem gewissen Gegenstand zu wissen. Blos politische Kannengießerey, oder blos Theologie, oder blos Belletrie, alle Tage seinen Gästen aufzutischen — o weh! ich sterbe vor Langeweile, wenn ich nur daran gedenke. Sie sollen nie auf diese Art gequälet werden. Eine und die nehmliche Materie wird nie ihre Seele ermüden; und da soll Abwechslung der Materien, wenn sie auch einige einzelne derselben nicht so sehr interessirten, durch die Art ihrer Behandlung unterhaltend und angenehm werden. Was kann ihnen ihre Karoline noch mehr versprechen? Wo wollen sie noch eine bessere Gesellschaft suchen?

Also

―――――――
*) Dieser Vorsatz enthält die Ankündigungen des zwoten Bandes des gegenwärtigen Werkchens. Ob er auch alsdann für Deutschlands Freunde interessant werden könnte?

Also nur zur Skizze des historischen Gemäldes von Deutschland weiter!

Sie kommen nach München. Hier werden Sie den Hof in einem so dicken, bunten und strahlenden Schwarm von Ministern, Räthen, Intendanten und Kommendanten eingehüllt finden, daß sie nicht wohl werden durchsehen können. Und endlich, wenn diese Mücken verschwinden werden, und ihre Augen sowohl, als ihre Ohren, die vom Hofgesumse betäubt gewesen, freyer werden sehen und hören können, werden sie an dem Kuhrfürsten ein sehr glückliches Temperament finden. Er ist sanft, munter und gesellig. In seinen jüngern Jahren verleitete ihn eine unglückliche Ehe, zu Fehltritten, die am leichtesten entschuldiget werden können. Die Kinder von der linken Seite liebt er so sehr als ihre Mutter. Er erhob sie mit vielen Kosten in den Grafenstand. Diese Fehltritte erweichten in seinen spätern Jahren sein christliches Gemüth auf eine Art, die für das Land wohlthätig werden könnte, wenn sie nicht zugleich den Mönchen vom gewöhnlichen Schrott und Korn den Zutritt zu seinem Herzen öffnete, welche, wenn sie nur

einige

über Deutschland. 313

einige Funken vom Fegfeuer in irgend einem Gewissen zu lodern verspühren, orthodoxe Pechkränze und Feuerbälle in unglaublicher Menge darauf warfen, um aus diesen wenigen Funken des Fegfeuers die schrecklichsten Flammen einer ganzen Hölle zu machen. Der Fürst hat viele Kenntnisse; der Kunst aber besonders bringt er viele Opfer. Sein Orgester ist vortrefflich; eben so vortrefflich seine Sammlung von Kupferstichen und Antiken. Ein Engelländer soll ihm das Kompliment gemacht haben, er verdiene ein Privatmann zu seyn. Es ist dieses unstreitig das beste, was sich über den Karakter dieses Fürsten sagen läßt. Ihm fehlt platterdings die Härte und Entschlossenheit, die unumgänglich nöthig ist, ein so wüstes Land, wie Bayern, umzuschaffen. Es fehlt ihm an richtiger Menschenkenntniß. Seine Herzensgüte deutet alles zum Vortheil der Leute, die ihn umgeben. Seine Pfaffen (die guten Priester werden von jenen, die nicht verächtlich genug genannt werden können, nicht unterschieden) sieht er alle im Licht seiner frommen Religion, mit welcher sie doch im Grunde keine wesentliche Verbindung haben: und so ist es sehr begreiflich, daß der liebens-
wür-

würdigste Privatmann nicht immer der glücklichste Regent ist. Neben dieser geheiligten unanzutastenden Person werden sich Ihnen ein Obristhofmeister, Finanzminister, Kanzler, einige geheimen Räthe, ein Beichtvater und ein Paar Weiber darstellen, die unter sich den Einfluß getheilt, und sich den gegenseitigen Antheil garantirt zu haben scheinen. Wer der Sache genau nachspüren könnte, der würde ohne Zweifel die Triebfeder der Hofmaschine in einer Kutte und einem Frauenunterrock finden, welche dem Staat vermittelst der ersten Minister und der übrigen Herren mit Sternen und Bändern in Bewegung setzen. Was aber Pfaffen und Weiber (letztere haben zwar hier keinen unmittelbaren Einfluß) wenn sie Meister werden, für Wirthschaft treiben, beweiset Frankreich mit vielen Beyspielen. Allein dort gabs noch immer Patrioten, die sich den noch größern Schaden, der daraus entstehen könnte, entgegen setzten: allein, in Bayern ist keine Spur davon gedenkbar. Das augenblickliche Privatinteresse scheint aller Hofleute Richtschnur zu seyn.

Ma=

Machiavellismus belebt sie mehr als irgendwo die Minister; und was die Religion anbetrifft, so ists hier nicht besser, als in Spanien und Portugal. Die von Zabugnik in einem Gedichte angegriffene spanische Inquisition hat in Bayern alle Satisfaktion erhalten. Der Verfasser ward (welch eine Seelentodesstrafe von einer Mönchsseele erfunden!) zum ewigen und unaussetzlichen Abschreiben kondemnirt. Pater Jost war der Advokat des heil. spanischen Gerichts der Inquisition.

Unter der vorigen Regierung verkauften die Minister die Aemter öffentlich: nun geschiehts doch nur an Spieltischen. Vor etlichen Jahren hätten Sie wohl sogar ohne der Dazwischenkunft des Ministers Herrn v. Hohenfels das ganze Land verkauft. Ob diese Dazwischenkunft für Bayern ersprießlich gewesen ist? ob die Minister, welche es verkaufen wollten, nicht patriotischer gesinnt waren, als Herr von Hohenfels, der es hintertrieben hat? ist bis heute noch nicht völlig ausgemacht. Man kann hier zu den höchsten Ehrenstellen nur durch eine glänzende Geburt, Verwandschaft, Geld, Weiber oder Pfaffen gelangen. Der

Adel

Abel hat da besonders ein bleibendes in dem Müssiggange der spätesten Nachkommen noch fortgemästetes und zu verehrendes Verdienst. Allein es ist eben so ungerecht, deucht mich, die Nachkommen gehenkter Diebe, wenn sie ehrlich und redlich sind, wie Schurken zu behandeln, als es ungerecht ist, verdienstlose oft dumme Nachkommen großer Männer — noch immer zu verehren, und würdigeren Unterthanen aus dem bürgerlichen Stande vorzuziehen. Man zieht ihnen, wie in den Reflexionen über den Adel gesagt worden, den Sporn zu großen und verdienstvollen Unternehmungen aus ihren Herzen, wenn man sie Verdienste erben läßt. Allein Bayern ist sehr abergläubisch. Man hat mit vielen Millionen Unkosten das jälibe Regiment von Malta verstärkt. Freylich können bey diesem Regimente viele große Männer seyn. Ich habe gegen die Glieder desselben nichts, aber wohl gegen den Orden, wenn seine Stiftung dem Lande zur Last fällt. Man hält z. B. in Bayern zu 2 bis 3 Rheinschiffen einen Großadmiral —; Nun mag wohl immerhin der Großadmiral in und außer seiner Admiralschaft ein ganz admirabler Mann seyn: gegen seine Person hab ich

nichts

nichts einzuwenden — aber wohl gegen das Amt, welches der Hof füglich kaſſiren könnte. Sie können auch die Feldmarſchälle in Bayern für ihre Perſon lauter Laudons, Lacis, Wurmſer, Condis, Schwerins, Friedrichs, Albrechte, Waldſteins und Zisfas ſeyn; — aber die 18 tauſend Mann, woraus die ganze Armee beſteht, haben ſo viele Feldmarſchälle nicht nothwendig. Und ſo glaub ich auch, daß Bayern eher das Regiment Maltheſerritter, als die Millionen Gulden, die ſie koſten, entbehren könnte.

Vor einigen Jahren iſt den dortigen Miniſtern Beffaria im Traume erſchienen, und ſogleich wollten ſie den philoſophiſchen Ton in ihre Juſtiz einſtimmen, und ſo gut als in Oeſterreich, Preußen und Rußland die Lebensſtrafe abſchafen. Allein die Diebe, Straſſenräuber und Mörder mehrten ſich augenſcheinlich wie Kaninchen. Man ſah ſich genöthiget, wieder ſo ſtrenge nach der Karoline wie zuvor hängen, rädern, ſpieſſen, verbrennen, und foltern zu laſſen. Sie hätten nicht zurückkehren dürfen, wenn es ihnen eingefallen wäre, die erſte Urſache, Mangel

gel an Beschäftigung und Verdienst zu haben. Mit 6 Millionen Gulden, so die Verstärkung der zäliben Armee von Malta kostete, hätte man mancher Dieberey zuvorkommen, und Arbeitshäuser errichten können, die den philosophischen Ton unterstützt haben würden. Allein Bekkarias Grundsätze, Jesuitereyen und Mönchereyen, machen zusammen keine Harmonika! die Exjesuiten haben sich eines sehr wichtigen Ohres bemächtiget, — es ist das Ohr des Beichtvaters. Sie bedienen sich desselben, um den vernünftigeren Unterthanen und den Protestanten in Bayern recht viel Rippenstösse zu versetzen. Man kann sich viele unerklärbar scheinende Dinge sehr wohl erklären, wenn man die Ohrentheorie inne hat, wenn man weis, wie sie dort oder da zusammenhängen. Die Exjesuiten z. B. haben das Ohr des Beichtvaters, dieser hat das Ohr des Fürsten u. s. w. Die Einheit der Religion, und Einheit der Souveränität sagen die dortigen Exjesuiten, wären die Grundpfeiler der Staatsglückseligkeit. Wie die Souveränität mit der Religion zusammenhängt, glauben sie nicht nöthig zu haben, auseineinander zu setzen, sie folgen dem alten Kniff, die kirchliche Religion zum politischen Hauptinteresse des Staats zu machen, um der Mühe überhoben zu seyn, ihre Wahrheit, und eigene Realität, welches oft mit vielen Schwierigkeiten verbunden ist, aus ihr selbst zu erproben. Der Mischmasch von Religionen in Holland, der mit ihrer Einheit so auffallend kontrahirt, ist dem Staate sehr ersprießlich und dieser nämliche Mischmasch verträgt sich auch sehr wohl mit der Einheit der Souveränität, als z. B. in Preußen, wo er sich sehr fruchtbar an reellen politischen Nutzen beweiset, nunmehr auch in Oesterreich lange zuvor auch sehr in Engeland 2c. 2c. Die oberwähnten jesuitisch-bayrischen Grundsätzen, sind die nämlichen der vormaligen Jesuiten in Frankreich, welche soviel dazu beygetragen haben, daß das Edikt von Nantes widerrufen wurde. Natürlich, denn der Jesuite in Frankreich ist kein anderer als der Jesuit in Bayern. *)

Die

*) Es giebt unter den Exjesuiten vortreffliche Männer, die niemals Jesuiten gewesen

Die Natur rächet hier sichtbarlich ihre gekränkten Rechte, die verfolgten Ketzer fliehen aus der Pfalz, und bauen die nordamerikanischen Wildnisse an, da indessen großer Theil von Bayern wüste bleibt. Der dasige Hof kann mit allen seinen Finanzprojekten das nicht ersetzen, was ihm die jesuitische Intoleranz schadet. Weder Ingolstadt, noch Straubingen, noch irgend eine, der größeren Städte giebt es in Bayern in allen nur vierzig, da ihrer Sachsen, welches um nichts größer, als Bayern ist, zwey hundert und zwanzig zählt. Ueberall fällt einem die Armuth an Menschen auf. Das Volk ist äußerst liederlich. Bierbräuer, Wirthe und Bäcker ausgenommen, ist kein vermöglicher Bürger im Lande. Die Industrie ist todt. Der Reiche und der Adel pflegen im ewigen Müssiggang ihre Bäuche, die Aermern betteln. Schwaben ist etwa so groß, als das Herzogthum Bayern, sammt Oberpfalz (beyde haben ungefähr 729 Quadratmeilen. Die schwäbischen Kreis-

wesen sind, diese also, geht alles das, was hier gesagt wird, nichts an.
   Anmerk. des Herausgeb.

über Deutschland. 321

Kreislande aber zählen wenigstens eine Mill. 600 Menschen, dahingegen man in Bayern bey einer Zählung vor einiger Zeit nicht über eine Million hundert 80 tausend Seelen fand. Man entschuldigt die Lüderlichkeit und Vernachläſſigung der Induſtrie mit Mangel an Flüſſen, die nicht nach Oeſterreich zugiengen, und wo die Kunſtprodukte der Bayern mit jenen der Erblande nie konkurriren könnten. Allein die Schwätzer verführen ja das meiſte, was ſie durch ihren Kunſtfleiß hervorbringen auf der Achſe, und was Helvetien durch den Rhein abſetzt, kömmt dagegen gar nicht in Betracht. Es iſt nichts lächerlicher, als wenn Bettler ſich Plane zu herrlichen Luſtgärten, und Anlegung prächtiger Luſtſchlöſſer machen, ehe ſie dafür ſorgen, mit täglichem Brode ihre halb zuſammengeſchrumpfte Mägen aufzufriſchen. Bayern können ſeine eigene Bedürfniſſe nicht befriedigen, und denkt gleichwohl an Reichthümer. Erſparen iſt ſchon ſicher gewonnen. Wie viel Gold löſet dieſes Land nicht an Tüchern, Wollenzeugen, Leinwand, Lein- und Riebenöhl, Toback und Leder, und faſt unzählige Artikel ausfließen; zu deren Zubereitung ihm die Natur

X tur

tur selbst alle Mittel dargeboten hat? Wie viel könnte dadurch erspart, wie viele Menschen beschäftiget? Wie sehr die innere Konsumtion des Getraides vermehrt? Allein, Bayern liegt an Schwaben, wo, wie Hesching in seinem Marionettentheater versichert, die Leute alles, Verstand nur nicht haben. Indessen freylich wohl legt man auch in Bayern, da doch schon überall um und um Industrie und Manufakturen blühen, Porzellainfabriken an, damit die Leute, die nichts zu essen haben, doch wenigstens schön und eigenes Geschirre haben. Man errichtete daselbst auch Manufakturen von Tapeten, reichen Stoffen, und seidenen Zeugen, damit doch unser Herrgott in prächtigen Meßgewänden vom eigenen Gemach verehret werde, während sich der größte Theil von Bauern mit fremden Tuch kleiden muß. Man hatte sogar auch den glücklichen Einfall, die Maut auf österreichischen Fuß zu setzen, ohne zu überlegen, daß diese in Oesterreich blosse Strafe sey, die nur den Luxus trifft, hier aber Jedermann, so oft er in die Nothwendigkeit gesetzt wird, seine Schamtheile zu bedecken. Dort trifft diese Strafe

den

den Ueberfluß und die Verschwendung, hier aber das Bedürfniß. Wenn in Oesterreich z. B. kein Brod wüchse, so wäre es eine Raserey, die Einfuhr desselben durch Mautzölle zu erschweren. Der bayerische Adel ist noch weit nobler als der österreichsche. Er hat fast durchgehends gar kein Gefühl wahrer Ehre und Vaterlandsliebe, keine Thätigkeit für den Staat, keine Empfindung von Großmuth — keine Erziehung. Er ist äußerst dumm, und käut kein anderes Vergnügen, als Fressen, Saufen, H. und Spielen. Man hat Häuser, die 15, 20, bis 30 tausend fl. Einkünfte haben. Viele Hofdamen kennen keine andere Beschäftigung, als Papageyen, Hunde und Katzen in den Künsten abzurichten. Auf Titeln sind sie noch mehr erpicht, als die Oesterreicher. Die Epoche, daß sie vermög einer Hofverordnung in engere Schranken gezwängt wurden, wo nicht alles durchgehends Eu. Gnaden heißen dürfte, sondern mit Eu. Gestreng sich begnügen mußte; diese Epoche hat mehr Weh und Zettergeschrey angestimmt, als jener Zeitpunkt, wo sie mit Leib und Seele sollten verkauft werden; mehr, als wenn ei-

ne

ne Pest im Lande gewüthet hätte. Bayern, sagt ein Gaskogner, ist das größte P. d. von der Welt, dazu ist Augsburg der Eingang und Passau die Hinterthüre. Die seltsamen Karikaturen von Mädchen, fallen demjenigen nicht so sehr auf, der in Welschland gesehen hat, daß, wenn sie einer Mannsperson gefällig seyn wollen, sie erst die Bilder der Heiligen mit Schnupftüchern bedecken, um sie nicht zu Zeugen ihres schmutzigen Handwerks zu machen.

Der hiesige Hof könnte sich, wüßte er von seinen Kräften Gebrauch zu machen, sehr viel Respekt verschaffen. Er kann sich mit dem König von Dännemark messen und Schwedens Macht ist nicht viel ansehnlicher als seine.

Wenn man die Lappländer und die übrigen fast ganz unbrauchbaren Menschen von der Summe der Unterthanen dieser nordischen Mächte abzieht, so werden sie an Mannschaft wenig voraus haben. Bayern zählt sammt Pfalz am Rhein und den Herzogthümern Jülich und Berg ungefähr 720000 Menschen. Die sämmtlichen Einkünfte belaufen sich jährlich auf 9 Mill. 200,000 Gulden. Wäre Bayern

nach

nach dem Verhältniße seiner Größe so gut bevölkert und gebauet, als die mit ihm verknüpften Rheinlande; so müßte es 3, bis 4 Mill. Gulden mehr eintragen, zu alle diesem Unglück aber, mästet dieses Land noch dazu 5000 St. Mönche in 200 Klöstern, deren verschiedene 20, bis 30000 Gulden. Einkünfte haben. Das Kloster Niederaltteich verschlingt jährlich an hundert 1000 Gulden. Man kann ohne Uebertreibung annehmen, daß die Klöster und Stifte zwey Mill. Gulb. und folglich das 3tel des Hofs verzehren. Dafür kömmt nun der Hof gewiß in Himmel —— die weltlichen Priester sind in geringerer Anzahl, und aus Mangel der Mönchsgrimmassen, weniger angesehn, wie sie es denn aber auch zum größtentheil nicht besser verdienen. Sie sind fast durchgehends eben so lüberlich als der Pöbel, und unterscheiden sich von diesem nur durch einen schwarzen Rock und einer besser gekleideten Haushälterinn. Es giebt da Pfarreyen von 3 bis 4 Stunden in die Länge und Breite mit 4 bis 6000 fl. Einkommens verbunden. Die Mönche abgeschaft und Toleranz eingeführt, so würde das Land bald von allen Schulden frey seyn, und

ein

ein anders Ansehen gewinnen, allein, man sucht noch Klöster zu stiften, und macht neue Vermächtnisse an die Kirche. Ob man auch dazu berechtiget ist, so lange nicht alle Schulden getilgt sind, und ob dergleichen Geschenke anzunehmen, die Kirche sich nicht ein Gewissen machen sollte? doch dieses Gewissen wird von Jesuiten sequestrirt. Gute Nacht!

Wir gehen nach Regensburg. Hier sitzt ganz im Stillen und verkrochen, so, daß man oft nackend über die Strasse gehen könnte, ohne gesehen zu werden, das Ruder der Verfassung des römischen Reichs, — diese durch Gottes Allmacht erhaltene Verwirrung; denn ohne dieselbe müßte durch den Einfluß der Stimmen, der unmittelbaren Vasallen des Kaisers, und der Reichsstädte, welche Seiner Hülfe so oft bedürfen, die hochgerühmte Reichsfreyheit schon lange des Todes gestorben seyn.

Sie verlassen dieses einsame und klösterliche Konklave des heil. röm. Reichs, und gehen nach Salzburg, da werden sie Misvergnügen in der Phisognomie des ganzen Landes, und die Verachtung desselben in Minen des Fürsten lesen, welcher
sich

sich verschließt und auf das Bataillon Soldaten, welches ganz auf den österreichischen Fuß gesetzt ist, alle Hoffnung bauet des Nachts ruhig schlafen zu dürfen. Die Vorwürfe, welche diesem Fürsten von seinem Lande gemacht werden, sind sehr übertrieben. Man will berechnet haben, daß er an seine Familie des Jahrs nach Wien über 30,000 fl. verschicke, und dem Lande also, einen guten Theil seines Marks entziehe. In der Beschwerde des Domkapitels an den Reichshofrath zu Wien brachte man an, daß er aus ihrer Kasse vieles Geld gegen Scheine herausgehoben habe, und sie nun statt Geldes Papier hätten. Was sich nicht so eigentlich mit der Politik abgiebt, sich um die Landeskonstitution nicht so genau bekümmert, das divertirt sich brav, und ist für eine Bagatelle ganz lustig. Die Venusseuche hat seit einer Zeit daselbst stark eingerissen. Man spricht von politisch- und religiösen Gegenständen sehr frey in Salzburg.

Die Salzburger wollen durchaus nicht Bayern heissen, sind es aber noch ziemlich. Sie schneiden kleine Schweine, Mäuse, Kruzifix u. s. w. mit vieler Ge-
schick-

ſchicklichkeit in Holz, und leiſten ungefähr in der Bildhauerkunſt das, was die Augsburger in der Maler- und Kupferſtecherkunſt leiſten. Die ſalzburgiſchen Jungfern ſind nicht ſonderlich darum bekümmert, ihre Ehre unverletzt zu bewahren, und ihre Sorgloſigkeit, mit welcher ſie ſich den Armen ihrer Liebhaber überlaſſen, mag wohl daher rühren, weil ſie ſelten, oder nie betrogen werden. Man hat daſelten ein Beyſpiel, daß ein Liebhaber, die verfeinerten Salzburger davon abgerechnet, wie er auch ſchon zwey, bis drey Kinder anticipirte, ſein Mädchen verlaſſen, und es nicht endlich doch geehliget hätte.

Friedrich. Dieſer Beſchreibung nach wär es freylich nicht ſonderlich die Mühe werth, es zu beweiſen. Sie werden, liebe Gräfinn, mir ein Vergnügen machen, und ich weis, wie ſehr ſie dazu geneigt ſind, wenn ſie mit dieſer Skizze fortfahren, ſich aber länger in Sachſen und Preußen verweilen, wohin ich ſelbſt einigemal Ausfälle that, und wo ich vieles bemerkte, was unſer Geſpräch noch weit intereſſanter machen kann.

Karoline.

über Deutschland.

Karoline. Vors erste geben Sie mir also nur ihr Wort, daß sie ihre Reise verschieben wollen. Oesterreich und Preußen sind die zween merkwürdigsten deutschen Staaten. Eine kritische Parallele, eine politische Uebersicht.

Friedrich. Sie werden mich damit entzücken. Lassen sie nur nicht die Sitten dieser Staaten und ihre Litteratur unberührt. Zeichnen sie die zu dünnen Preußen und die zu fetten Oesterreicher recht nach dem Leben, und

Karoline. Alles meine Sorge, wofern sie ihren Vorsatz fahren lassen.

Friedrich. Wer könnte ihren Befehlen länger widerstehn?

Karoline. Wohl an, lieber Friedrich, so kommen sie ja bald wieder, wir wollen noch ferner vergnügt leben, und unsere Gespräche sollen die wichtigsten Ereignisse, Einrichtungen, Instituten, Sitten und Religionen beyder dieser Staaten zum Gegenstande haben. Wir wollen in einem Monate mehr Materien und vielleicht auch gründlicher, amüsanter gewiß, be-

han=

handeln, als in einem ganzen Jahre die französischen Akademisten in Deutschland, welche mit an dem Mark der Preußen zehren, ohne etwas besseres, als Mist — in allem Verstande von sich zu geben. Für heute gute Nacht. —

Inhalt.

Inhalt.

	Seite.
Prolog des Authors	3
Der Adel	11
Die schöne Sophistinn Karoline. Ueber die Freymaurer	33
Einige Einfälle eines großen Künstlers	62
Andere Anekdoten	66
An den Herrn Baron von Nesselrode gegenwärtig zu B * *	70
An den Verfasser der Berlinischen Korrespondenz.	97
Es giebt noch zärtliche Treue in der Welt. Ferdinand Helmreich. Eine wahre Geschichte vom J. 1782. unter erdichteten Namen	151
Ueber die noble Erziehung unseres Jahrhunderts	181

Fürst

	Seite.
Fürstliche Charakterzüge.	195
Karoline. Sophistereien über die Ehe und Maximen unseres Jahrhunderts	199
Herrn Salzmanns Ankündigung vom 13. Oktob. 1783.	251
Historisch-kritisches Bild vom Deutschland. Eine Skizze. Karoline und Friedrich	273

www.ingramcontent.com/pod-product-compliance
Lightning Source LLC
Chambersburg PA
CBHW021156230426
43667CB00006B/428